EL ESPLENDOR DE LA SANTA MISA:

EXPLORANDO EL ACTO CENTRAL DEL CATOLICISMO

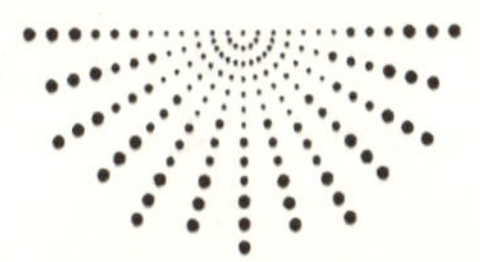

CHARLES JOHNSTON

From Ante-Nicene Fathers, Vol. 5. Edited by Alexander Roberts, James Donaldson, and A. Cleveland Coxe. (Buffalo, NY: Christian Literature Publishing Co., 1886.) Revised and edited for New Advent by Kevin Knight.

"Si Realmente entendiéramos la misa, nos moriríamos de alegría"

San Juan Vianney

INTRODUCCIÓN

"Mi gente está destruida por falta de conocimiento...."

— OSEAS 4:6

Siempre he estado fascinado con la liturgia y me ha llamado la atención desde que era un niño. Creciendo a veces atendía Misa con mi madre y padre (ella es Católica y el presbiteriano), y a veces íbamos a el servicio del domingo por la mañana a la iglesia presbiteriana local (No estoy seguro si todas las Iglesias Presbiterianas son litúrgicas, pero la que atendimos sí era.) Así que siempre que visitaba una iglesia no Litúrgica (la mayoría de las

Iglesias sin denominación caen en esta categoría) me sentía fuera de lugar. Siempre sentía que faltaba algo, pero nunca pude descifrar lo que era.

Cuando era adolescente y adulto joven, asistía a Iglesias sin denominación, pero siempre me sentía llamado a la liturgia.

De principio pensé que era nada mas por familiaridad, siendo porque es con lo que crecí, pero mientras estudiaba y leía, me quedo claro que no era nada mas la liturgia que me estaba llamando pero también el pináculo de la liturgia El Santo Sacrificio de la Misa.

Toda la liturgia tiene significado, y en la iglesia Católica este significado se acumula hasta que alcanza el pináculo de toda nuestra alabanza; la representación de el sacrificio de Cristo en el Calvario. Pero aunque la Eucaristía es el pináculo, y la consagración el camino en que escalamos a la cumbre, todas las emociones y palabras de la liturgia están llenos de significado. Todas las acciones del sacerdote, el diácono, los Servidores del altar, y de los parroquianos tiene un sentido profundo, aunque no sea obvio para los observadores casuales.

Estoy escribiendo este libro porque me han preguntado muchas preguntas sobre la Misa al pasar de los años antes de que yo fuera Católico -porque siempre he sido más o menos Católico y aún más desde mi conversión. No estoy escribiendo este libro de cualquier precepción que yo tenga sobre el significado profundo de la Misa. Solamente espero que pueda señalar algunas cosas que has pasado por alto o que simplemente has olvidado. Tampoco estoy rompiendo nuevos fundamentos teológicos, aunque he tenido muchos momentos en Misa cuando un foco se prende en mi cabeza, cuando de repente me doy cuenta de una conexión anteriormente oculta entre lo que estoy viendo y el pasaje del Antiguo Testamento o el libro de Revelación, solamente para descubrir que el Padre de una Iglesia hizo la misma conexión 1600 años antes que yo. No hay nada nuevo bajo el sol, como el Rey Salomón nos dice," Si es Nuevo para tí vale la pena explorarlo y aprender."

Este libro me ha tomado más de dos años para escribir, pero también incluye más de una década del estudio de la liturgia, teología católica, y la Sagrada escritura. Mi proceso de conversación fue largo y arduo, con muchas paradas y comienzos, y en este tiempo entre el protestantismo y Catolicismo, leí todo lo que pude sobre la Misa. Es el fruto de este largo proceso de investigación y estudio que deseo compartir con ustedes atreves de este libro.

ESTOY ESCRIBIENDO ESTO PARA:

La gente que a la que más me gustaría llegar a traves de este libro:

1. Los que crecieron siendo Catolicos que han atendido Misa por décadas, y que ahora tal vez simplemente pasan por los movimientos sin ver la profundidad y la belleza de la Misa mientras se desarrolla alrededor de ellos. Tal vez han aprendido todo de lo que yo escribo hace años, pero al pasar el tiempo se le ha olvidado, ya que se convirtió en la rutina de cada domingo. Cualquier acción hecha sobre un largo tiempo se puede volver habitual y perder valor, Ojala que después de leer esto tenga usted un amor revivido por la Misa.

2. Los que nacieron siendo Católicos o los que se convirtieron Católicos que no fueron catequizados correctamente, por lo que nunca ha escucho el significado detrás de las posturas, palabras y imágenes de la Misa.

3. El católico que sabe de lo que hablo, la belleza y profundidad de la liturgía y solo asentirá de acuerdo. Aunque a lo mejor no aprendas nada nuevo al leer este libro, rezo para que seas

alentado para que continúes viendo la belleza de nuestra iglesia.

4. El protestante curioso o el no-creyente que tiene un interés en la Misa pero no sabe por qué. Quiere saber qué está pasando, pero no sabe a quién preguntarle, o si pregunta no recibe una respuesta satisfactoria. Ojala y pueda proveer algunas respuestas para sus preguntas

LA LITURGIA "NO ES AGRADABLE"

Muchos cristianos contemporáneos desprecian la liturgia. Dicen que la alabanza en la iglesia debe ser espontánea "impulsada por el Espíritu." A eso yo le diría dos cosas. En primera sería, si Dios no aprobara de la liturgia y de alabanza ritualista, de verdad tenía una manera muy extraña de demostrarlo. Todo el Antiguo Testamento sobre la salvación está basado en alabanza ritual y los sacrificios litúrgicos, todos detallados con precisión por Dios en el Tora. En Segundo lugar, "oración contemporánea" es todo menos espontáneo. Es un ritual solamente menos obvio. Cada domingo el coro espontáneamente empieza a tocar, y el pastor espontáneamente decide predicar un sermón preparado, seguido un llamado de altar? NO, todo está pre-planificado y dispuesto antes de que llegue la primer persona.

La liturgia que celebramos hoy es muy similar en tono y

carácter a la liturgia de la iglesia primitiva. Esto lo podemos ver leyendo "The Church Fathers" especialmente Justin Martyr's *First Apology,* pero incluso podemos ver la estructura litúrgica en las páginas del Nuevo Testamento. En el relato de San Lucas donde Jesús se encontró con sus discípulos en el camino a Emmaus (Lucas 24), vemos muchas cosas que se reflejan hoy; Jesús los acompaña en su viaje, habla de las escrituras, y luego los guía en una "partitura eucarística del pan." Siguiendo esta muestra, la Iglesia siempre ha incluido los dos, la liturgia de la palabra y la Eucaristía de la Misa. Estas dos partes

"están estrechamente conectadas entre sí que forman un solo acto de adoración." (*Sacrosanctum concilium,* 56)

LA LITURGIA NO ES RUTINA VACIA

Si nuestro entendimiento a los movimientos, posturas, y respuestas en la Misa es "no lo sé, es lo que hacen los Católicos" entonces no estamos totalmente, activamente, y conscientemente participando en la Misa como debemos hacerlo. Para participar en la Misa al máximo, y para recibir todas las gracias disponible a traves de la Misa debemos saber lo que estamos haciendo y porqué. Esto no es una manera vacía de 2000 años para gastarla el domingo por la mañana, es un acto público de alabanza, establecida por la iglesia que Cristo fundó. Es una de, si no, lo más importante y fructuosa cosa que puedas hacer con tu tiempo en ésta vida.

"En la liturgia terrenal tomamos parte en un adelanto de la liturgia celestial lo cual es celebrada en la Santa Ciudad de Jerusalén a la cual viajamos como peregrinos...."

— SACROSANCTUM CONCILIUM, 8

Como dije anteriormente, lo que quiero señalarles en este libro no es nada nuevo, pero tal vez si será nuevo para tí. Como un convertido a la fé Católica a veces miro cosas diferentes que alguien que fue criado en la Fé por que las cosas se miran diferente de otra perspectiva. Me encantaría que aunque sea una persona lea éste libro y tenga un entendimiento profundo y amor por la liturgia. Un sentido más profundo de que sucede algo más de lo que aparece por encima, y que incluso hay mucho más de lo que nosotros podemos ver. Si ese fuera el único resultado de todo este proyecto, yo diría que fué un tiempo bien utilizado.

LA MISA COMO SACRIFICIO

De todas los sacrificios y liturgias que han sido ofrecidas a Dios, desde las ofrendas de Abraham en los desiertos de Lavante; al tabernáculo en Shilo; y el templo en Jerusalén; a el día presente, la liturgia de la Eucaristía es la más sagrada es una re-representación (No una representación) de el último sacrificio de Cristo en el Calvario. Porque la deuda contraída por la humanidad era infinita. Solamente un sacrificio de valor infinito sería suficiente para satisfacer al Dios de Justicia. Jesús pagó el precio como completamente Dios y completamente hombre. Su vida era de valor infinito, y su sacrificio era infinitamente eficaz en la economía de nuestra redención.

Porque la Misa es el mismo sacrificio de el Calvario, hecho presente a nosotros hoy, el Catecismo que la Misa "completa y sobrepasa todos los sacrificios del Antiguo Pacto."

(Catecismo de la Iglesia Católica, 1330.)

Es el momento que nosotros "acompañamos a todos los ángeles y santos" fuera de las limitaciones del tiempo y el espacio, místicamente se hace presente al pie de la cruz donde Cristo se ofrece como la victima sacrificial para rescatarnos del vínculo de la muerte.

Para entender la Misa tienes que entender el sacerdocio,

y para entender el sacerdocio debes entender la Eucaristía.

"La Eucaristía es "la fuente y cumbre de la vida cristiana."

"Los otros sacramentos, y de hecho todos los ministerios eclesiásticos y obras del apostolado, están unidas con la Eucaristía y orientado hacia ella. En la Sagrada Eucaristía está contenido todo el bien espiritual de la iglesia, Cristo mismo, nuestra Pascua."

— CCC 1324

Sin la presencia real en el sagrado Sacramento la Misa es nada más que otro "servicio" entre miles de otras denominaciones. Pero por la naturaleza sacrificial de la Misa, y su pináculo en la Eucaristía, nos damos cuenta que es una categoría completamente diferente a otros servicios Cristianos. No es un "servicio" en el mismo sentido usado por otros Cristianos porque no está siendo realizado por hombres y dirigido hacia Dios; Esta siendo realizado por un sacerdote humano, pero actúa en nombre de y en la persona de Cristo, que es nuestro sacerdote más alto y ofrecido a Dios el Padre.

El sacrificio de la Misa es la razón por la que tenemos Sacerdotes y no "Ministros." Un Sacerdote es alguien que ofrece sacrificios, y solamente la iglesia Católica (y nuestros hermanos en el Este que han preservado iglesias Apostólicas) incluso pretenden ofrecer el sacrificio del Calvario. Por esta razón porque el clero se les dice Sacerdotes, porque ofrecen sacrificio diario a Dios, en una manera no sangrienta, bajo la apariencia de pan y vino.

Si tu entiendes lo que está pasando ante tus ojos, entenderás que lo que estas presenciando es un milagro en todas las Misas en las que tu participas.

"El sacrificio de Cristo y el sacrificio de la Eucaristía son un solo sacrificio: "La víctima es una y la misma: lo mismo se ofrece por el ministerio del Sacerdote, quien entonces se ofreció a sí mismo en la cruz; solamente que la manera de ofrecimiento es diferente." Ya que en este divino sacrificio que es celebrado en la Misa, el mismo Cristo que ofreció una vez en la cruz en una manera sangrienta en el altar de la cruz esta contenido y es ofrecido en una manera no-sangrienta… este sacrificio es realmente propiciatorio."

— CCC 1367

El Catecismo también nos enseña que es "El mismo Cristo," quien actúa "a través del ministerio del Sacerdote, ofrece el sacrificio Eucarístico." Sigue diciendo que Jesús es el Sacerdote más alto y víctima, que El se ofrece a sí mismo. (CCC1410)

Sin tomar en cuenta la naturaleza sacrificial de la Misa, nunca entenderemos completamente lo que está pasando ante nuestros ojos. La Misa se convierte en solamente otro servicio, y en un mundo en donde los servicios son ruidosos y emocionantes, usando maquinas de niebla, luces estroboscopios, la Misa es comparativamente aburrida.

Pero si nos damos cuenta de lo que está ocurriendo podemos apreciar que la Misa es todo menos otro "servicio." Estoy convencido que si apropiadamente, y atentamente catequizamos a los católicos lacios sobre la naturaleza de la Misa, tendríamos un mayor impacto seguiríamos manteniendo nuestros cuerpos en las bancas de la iglesia y ayudando almas a llegar al cielo permaneciendo en la iglesia fundada por Cristo.

Teniendo esto en cuenta, el Concilio Vaticano II declara que debemos tener una "participación plena, activa, y consciente" en la Misa.

"En la Ultima Cena la noche que El fue traicionado, nuestro salvador instituyó el sacrificio Eucarístico de su Cuerpo y Sangre. Hizo esto para perpetuar el sacrificio de la cruz a lo largo de los siglos hasta que el regrese, y así para confiar en su amada esposa, la Iglesia, un memorial de su muerte y resurrección: un sacramento de amor, un símbolo de unidad y un vínculo de caridad, un banquete pascual en el que se come a Cristo, la mente se llena de gracia, y una promesa de gloria futura se nos da. La iglesia, por lo tanto, desea sinceramente que los fieles de Cristo, cuando están presentes en este misterio de Fé, no deben estar ahí como extraños o espectadores; por el contrario, atraves de una buena comprensión de los ritos y oraciones deben participar en la acción sagrada. Conscientes de lo que están haciendo, con devoción y colaboración completa. Deben ser instruidos por la palabra de Dios, y nutridos en la mesa del Señor por su Cuerpo. Deben dar gracias al Señor ofreciendo a la Victima Inmaculada, no solamente a traves de las manos del sacerdote, pero también con él, deben aprender a ofrecerse; asimismos a través de Cristo el mediador, deben ser atraídos a una unión más perfecta día a día con Dios y entre sí, para que finalmente Dios esté en todo.

Así que, profundicemos en el momento sagrado que tenemos la alegría de presenciar cada vez que asistimos a misa.

(Este libro está escrito asumiendo la forma ordinaria de la Misa y en tiempo ordinario. No soy extremadamente familiar con la forma extraordinaria, y hay demasiados variables para tomar en cuenta en diferentes temporadas litúrgicas por ejemplo No se canta la gloria durante la temporada de cuaresma, o lecturas del libro de Hechos en vez del Antiguo Testamento durante la temporada de Pascua.)

LOS RITUALES INTRODUCTORIOS

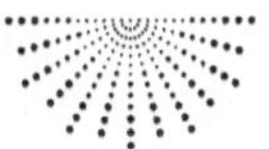

Los rituales introductorios son una parte muy breve de la Misa, pero son importantes porque nos ayudan a prepararnos para participar en la liturgia celestial que está a punto de desarrollarse antes y alrededor de nosotros. Estos ritos tienen un carácter de "inicio, introducción y preparación,"(Instrucciones generales del Misal Romano, *46)* Y así ocupan un lugar importante en nuestras celebraciones litúrgicas. Deben ser observados, participados, con la debida reverencia, y permitirnos entrar en un espíritu de oración y devoción.

"El propósito es para asegurar que los fieles que se unen para establecer la Comunion y disponer a escuchar adecuadamente la palabra de Dios y celebrar dignamente la Eucaristía."

— GIRM, 46

Yo he escuchado que la Misa comienza en el momento en que sales de tu casa; empieza con un corazón que desea alabar a Dios. Nuestra fé es una fé de acción, ponemos nuestra fé en movimiento y alcanzamos para tocar la mano de Dios, mientras se inclina para levantarnos. Deseamos tener una relación con El, y haciéndolo entramos en el espíritu de la liturgia antes de que la celebración inicie.

Pero antes del comienzo actual de la Misa, sea cuando sales de tu casa o durante la procesión de entrada, hay unas cosas que se llevan a cabo, cosas que no son parte de la Misa, pero son parte de la experiencia que es la Misa Católica.

SIGNO DE LA CRUZ CON AGUA BENDITA

Aunque no es requerimiento por el Derecho Canónico, Doctrina, dogma, preceptos de la iglesia, o dictados por el ordinario local (El Obispo), casi todos se santigüan con agua bendita cuando entran a la iglesia.

La razón porque nos bendecimos con el signo de la cruz

son muchas, demasiadas para contar, pero te diré cuales son las más importantes para mí; nos dice por qué precio fuimos comprados. El precio que Cristo pagó por nosotros fué un instrumento de tortura Romana, tan dolorosa que es donde tiene sus orígenes la palabra "enloquecedora." Esto es cuanto Dios nos ama, que El es capaz de tomar su propia carne y sacrificarse asímismo de la manera más humillante y dolorosa jamás concebida para los hombres. Este fue el precio por el que fuímos comprados, rescatados de la muerte, para ser nuevas creaciones en Cristo.

La cruz es nuestra salvación y esperanza, ésta es es la razón por la cual nos bendecimos nosotros mismos y con lo que el mundo secular nos vé como un signo de vergüenza. Es por esto que San Pablo afirma que es una "tontería" para aquellos que no creen. (1 Corintios 1:23)

Usamos el agua bendita para hacer el símbolo de la cruz por varias razones, una es que el agua bendita es sacramental, y cuando es usada con una disposición correcta , puede conferir las gracias reales de una persona de Dios. La otra razón es para recordarnos nuestro propio bautismo, y las promesas que fueron hechas, ya sea por nosotros mismos o por nuestros padres en nuestro nombre. Y recordando nuestro bautismo nosotros renunciamos a Satanás, sus obras, sus falsas promesas, y reafirmamos nuestra fé en Dios. También estamos llamados a vivir éstas promesas bautismales en nuestro diario vivir.

GENUFLEXION

Esta palabra literalmente significa "doblar la rodilla," en Latín. Hacemos una genuflexión hacia el tabernáculo porque creemos que Cristo está físicamente presente en la Sagrada Eucaristía que está contenida en el tabernáculo. Doblamos la rodilla en reverencia por la Presencia Real, el hecho de que el Rey del universo se hace presente a nosotros de una manera física. Mostramos reverencia y respeto por los humanos en la vida cotidiana, y un honor especial está reservado para los jefes de estado, por lo tanto, cuánto más honor y respeto deberíamos mostrar a Aquél que lo ha creado todo.

La mayoría de las veces el tabernáculo está detrás del altar principal, pero a veces está a un lado o al otro. Busque la lámpara roja que siempre está encendida frente al tabernáculo para encontrarla más fácilmente cuando visite una nueva iglesia. Esta lámpara ha llegado a nuestra fé junto con nuestras raíces desde el Antiguo Testamento, Dios le ordenó a Moisés que mantuviera una lámpara encendida eternamente, *ner tamid* se mantenía ardiendo dentro del Lugar Santo, donde se encontraba el Arca de la Alianza. (Exodo 27:20-21)

Lo que es muy interesante es que nosotros sabemos que la arca contenía tres cosas que anunciaban a Cristo; el maná, las tablas de la Ley, y las cosas de Aarón, y ahora vemos que la luz brilla justo fuera del Arca, y Jesús es la luz del mundo. (Juan 8:12 & 9:5)

LA MISA COMIENZA

LA PROCESION DE ENTRADA

Una de las primeras cosas que inmediatamente me pareció diferente acerca de la Misa, en estilo y no en en substancia por supuesto , fué la procesión de entrada. La iglesia Presbiteriana a la que asistí cuando era niño tenía una, pero no todas las iglesias protestantes a las que he asistido desde entonces, no es así como los cristianos "contemporáneos", de la variedad Protestante, adoran a Dios. A ellos realmente les falta algo que se están perdiendo.

Una vez pregunté por qué había una procesión, y por qué el sacerdote simplemente no comenzaba la misa en el altar. La respuesta que recibí fue una variación de "¿por qué los jugadores de béisbol tienen música 'cuando es su turno para batear`? ¿Si eso no te suena bien? Es porque no lo es. El Sacerdote no solamente escoge cualquier canción y empieza a bailar por el pasillo. Como lo dije anteriormente; todo durante la Misa tiene sentido y propósito, incluso hasta la manera en que el sacerdote entra al santuario.

El sacerdote y ministros (diácono, servidores del altar, y lectores)

inician ya sea dentro o justo afuera de la puerta trasera de la iglesia. Nos ponemos de pie , como una atención , una señal de respeto hacia el sacerdote, que durante la liturgía representará a Cristo mismo, y por el libro del evangelio que generalmente es llevado por el diácono. La procesión suele ser dirigida por los servidores del altar que llevan velas que representan la luz del mundo (Cristo) y tambíen se lleva un crucifijo.

Entonces, si lo miras de otra manera; Cristo (representado por el sacerdote) procesa en medio del Cuerpo de Cristo (los miembros de la iglesia reunidos) Mientras que el diácono lleva el libro del Evangelio (la palabra real de Cristo y Cristo es la palabra hecha carne) mientras que los servidores del altar llevan la luz de Cristo (las velas) y otro servidor del altar carga una imagen de Cristo crucificado. Todo este simbolismo es profundo, y la misa acaba de iniciar.

La procesión termina en el altar donde todos se inclinan, y después de subir los escalones, los dos el sacerdote y el diácono besan el altar como un símbolo de respeto al sagrado sacrificio que allí será presentado.

EL SIGNO DE LA CRUZ

Después de la procesión, el sacerdote y el diácono se dirigen a la silla de el que va a presidir. Cuando la música termina, él mismo hace la Señal de la Cruz, y la gente también lo hace.

La razón que él hace ésto es porque la Misa entera es una oración, y como Católicos usualmente iniciamos nuestras oraciones recordándonos a nosotros mismos a nombre de quién estamos orando y a qué precio nos atrevemos a acercarnos a Dios , porque solamente por medio de la cruz estamos reconciliados con Dios y podemos acercarnos libremente a Él en oración.

Después de esto, saluda a la gente diciendo una variación de "el Señor este con ustedes", éste es un antiguo saludo que se encuentra en todo el Antiguo Testamento, y respondemos con "y con tu espíritu".

RITOS PENITENCIALES

El Sacerdote nos invita a recordar nuestros propios pecados y pedir el perdón de Dios, y así prepararnos para tomar parte en el Santo Sacrificio de la Misa. Así como participamos en los Ritos Introductorios para preparar nuestras mentes para entrar en la liturgia, también tenemos que preparar nuestras almas. El GRIM dice que los ritos penitenciales "carecen de la eficacia del sacramento de la penitencia".(GRIM,51) Esto significa que los Ritos Penitenciales no son un sustituto de la reconciliación sacramental y solo es eficaz en la absolución de los pecados veniales. Si tú estás consciente de un pecado mortal, no estás reconciliado con Dios a través de este Rito, y debes abstenerte de recibir la Eucaristía hasta que recibas la absolución.

En este punto, el sacerdote tiene un poco libertad en cómo elegir lo que procede. El puede escoger dirigir a la congregación en recitar el Yo Confieso (Yo confieso a Dios todopoderoso….) o ir directamente al Kyrie Eleison (Señor ten piedad). Cualquiera que sea el que elija le concede la absolución (para los pecados veniales) a la gente.

El Yo Confieso es una hermosa oración en que reconocemos nuestros pecados ante Dios y ante nuestros feligreses. Todos somos pecadores, e incluso el sacerdote participa en esta oración porque él también es humano y está sujeto a los caminos y tentaciones que todos soportamos. La iglesia es un hospital para los pecadores, y es una de nuestras mayores fortalezas es que reconocemos nuestros pecados y debilidades en casi todas las Misas. Así como G.K. lo ha dicho sucitadamente , " La gran fortaleza de la santidad Cristiana siempre ha sido tan simple como esto, los peores enemigos de los santos no pueden decir algo más malo de ellos que los propios santos no hayan dicho de ellos mismos…. Supongamos que el pueblo ateo tiene de repente un espléndido impulso de apresurarse a llegar a la iglesia del pueblo y denunciar a todos los que se encuentren allí como miserable ofensores delincuentes. Probablemente entren en el momento en que ellos estén diciendo eso de ellos mismos.

KYRIE ELEISON

Después del Rito Penitencial, el sacerdote o el diácono guía a la congregación a recitar o cantar el Kyrie Eleison (del griego: Señor ten piedad). Esto siempre se dice durante la Misa, pero si se usa como el Rito Penitencial en lugar del Yo Pecador, entonces no se repite.

Kyrie Eleison es griego, y algunos escolares señalan el hecho de que este es uno de los pocos casos restantes de Griego en la liturgia Romana, ésto es evidencia que EL Kyrie Eleison antecede el cambio de la iglesia occidental de Griego a el Latín en la liturgia (del siglo 5 o 6)

Aunque ésto a veces puede ser visto como un arrebato de misericordia por parte de un Dios de cólera, realmente debería ser visto como una oración de alabanza por la misericordia que Dios nos ha mostrado a pesar de nuestra indignidad. Esto se puede ver en los versos entre la respuesta, por ejemplo, "fuiste enviado a sanar los corazones afligidos", " Viniste a llamar a los pecadores " y " Estás sentado a la derecha del Padre para interceder por nosotros. " Todas estas son alabanzas y acción de gracias por la misericordia infinita de Dios.

EL GLORIA

EL Kyrie Eleison (Señor ten piedad) nos guía a cantar la alabanza de Dios en el Gloria. El gloria es un himno antiguo de alabanza para la Trinidad y tiene sus raíces en la iglesia occidental de la de mediados del siglo IV, cuando San Hilario de Poitiers lo tradujo de el griego original.

Este himno recibe su nombre de su primera línea en latín "Gloria in Excelsis Deo..." que es parte del saludo que un ejército de ángeles dió a los pastores en esa fría noche de diciembre 2000 años atrás ", y de repente apareció con el ángel una multitud de la corte celestial alabando a Dios y diciendo : "¡Gloria a Dios en lo más alto, y en la tierra paz entre los hombres con quienes él se complace!

(Lucas 2: 13-14. Ver *también el Catecismo de la Iglesia Católica, 333*)

Esto es impresionante, cuando estamos cantando la

Gloria, nos unimos a todos los ángeles del cielo en su himno de alabanza que continúa por todos los tiempos.

Uno de mis momentos más memorables en la misa incluye el Gloria. Fué durante la Vigilia Pascual, la noche en la cual fuí recibido en la iglesia, cuando iniciamos al cantar el Gloria, el velo que estaba cubriendo el crucifijo detrás del alta se dejó caer. Yo no soy una persona muy emocional, puedo contar las veces que yo he llorado en mi vida de adulto, y ésta fué una de esas veces. La imagen Cristo siendo develada, justo cuando cantábamos éste antiguo himno de alabanza (que no habíamos escuchado durante los cuarenta días de la Cuaresma) me pareció el momento de adoración más glorioso, lleno de oración, espiritual y hermoso en el que he estado involucrado.

Hay muchas otras cosas que suceden en la Misa que nuestros ojos pueden ver. Creemos que los ángeles y demonios son reales; hay muchos más en este mundo que se podamos experimentar con nuestra capacidad limitada de sentirlo, y hay una infinita realidad metafísica que simplemente no se puede sentir con nuestros sentidos más agudos. Es ésta una realidad más allá de nuestros sentidos que el himno angelical del Gloria nunca termina.

"Yo seguía mirando, y oí el clamor de una multitud de ángeles que estaban alrededor del trono, de los Seres Vivientes y de los Ancianos. Eran millones, centenares de millones que gritaban a toda voz: "Digno es el Cordero que fue sacrificado, para recibir poder, y riqueza sabiduría y fuerza, honor, gloria y alabanza ! "Y escuché a toda criatura en el cielo y en la tierra y debajo de la tierra en el mar y en todo lo demás, diciendo: "Al que está sentado en el trono y al Cordero, bendición, honor y gloria, y poder por los siglos de los siglos."

— REVELATIONS 5:11-13

Así que la próxima vez que no quieras cantar junto con el coro, o estas distraído por alguien que está cantando muy desafinado, o te preocupas por tu propia voz, piensa en esta escena del Libro de Apocalipsis , y en los "millones y centenares de millones " de ángeles y santos que alaban a Dios contigo. Y canta con todo tu corazón.

LA COLECTA

Después de el Gloria, mientras todos estamos de pie, el sacerdote una vez más pide a la congregación que oremos. Esta oración es conocida como la Colecta, colecciona todas las oraciones de la gente y nos une como una comunidad en oración.

La Colecta en algunas ocasiones es llamada "Oración de apertura", pero esto es impropio porque en realidad está cerrando, en vez de abriendo, los Ritos Introductorios de la Misa, se asegura que, nosotros el Cuerpo de Cristo, vengamos a formar uno solo para alabar, glorificar y recibir al Señor de una manera digna y devota.

FIN DE LOS RITOS INTRODUCTORIOS

Cuándo es cuando llegas tarde?

Hay un debate constante entre los Católicos de cuando alguien técnicamente llega tarde para la Misa. Las opiniones varian desde la consagración de la Ostia, a la oración de Colecta. Con algo de un consenso de opiniones que se deciden por la Colecta como el punto en el que alguien llega tarde, pero ya que hemos dedicado éste tiempo a ver cuán importantes y teológicamente ricos son los Ritos Introductorios, yo digo que son más importantes que algo que fácilmente puedes pasar desapercibido y todavía cumplir con nuestra obligación Dominical.

Los sacerdotes tratan constantemente de celebrar misa y despedir a la gente en un tiempo razonable, y aún así, si la Misa va más allá de 60-70 minutos, es probable que haya un alboroto en el estacionamiento (Esto dice mucho de nosotros – incluyéndome a mí - que podemos estar sentados por 4 horas en un largo juego de futbol o una película de 2 horas, pero Dios no lo quiera, que el Padre se demore un poco más en su homilía). Si los Ritos introductorios fueran tan intrascendentes, no más importantes que los créditos de apertura de una película, ¿la iglesia los eliminaría del orden de la Misa y recortaría de 10 a 15 minutos de la Misa? Como no lo han hecho, parecería ser una buena evidencia de su importancia en la preparación de nuestra celebración de estos misterios sagrados.

Entonces, venga temprano, cante durante la procesión, busque en su conciencia durante el Rito Penitencial, recuerde la misericordia de Dios durante el Kyrie Eleison, (Señor ten Piedad) alabe la gloria de Dios durante la Gloria y permita que sus oraciones personales se reúnan y se hagan una con todas las oraciones de la gente durante la colecta.

LITURGIA DE LA PALABRA

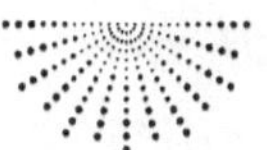

La estructura de nuestra liturgia en el día de hoy, continúa siendo la misma que la primer Misa después de la Resurrección; en el camino de Emmaús. Cuando Jesús se encontró con sus discípulos en el camino, y estaba "oculto ante sus ojos", primero El empezó a hablarles de las escrituras, después El partió el pan y los alimentó con la Eucaristía. En las Misas del día de hoy, nosotros somos alimentados con la Palabra de Dios, de las dos formas, con las Escrituras siendo proclamadas, y con el pan de la Eucaristía.

El Catecismo la llama la liturgia de la Palabra, y a la Eucaristía "un solo acto de rendir culto" (CCC 1346) y el mismo párrafo menciona cómo en nuestra tradición, nosotros somos alimentados en la "Mesa Eucarística", por las dos formas "la Palabra de Dios y por el Cuerpo del Señor)."

La Eucaristía es descrita como la " fuente y cumbre de la Fé Cristiana," por muchos documentos de la Iglesia, Padres de la Iglesia, y Papas. Entonces, si tu vieses a la Eucaristía como el pico más alto de una montaña, la Liturgia de la Palabra podría ser enseñada como la base de la montaña, y así manteniendo la metáfora de la montaña, es el camino el que lleva los vientos hacia la cumbre de la montaña, mientras ha viajado por los últimos 4000 años en la Historia de la Salvación. Para ver la importancia de los lugares de la Iglesia y su fundamento en las Escrituras, lea los documentos del Vaticano II Dei Verbum y el Sacrosanctum Concilium

---

"La Sagrada Escritura es de gran importancia en la celebración de la liturgia. Porque vieve de la escritura, las lecciones son leídas y explicadas en la homilía, y los salmos son cantado; las oraciones, colectas, y canciones litúrgicas, son de las escrituras po su inspiración y su fuerza, y viene de las escrituras que las acciones y posturas derivan su significado"

— SACROSANCTUM CONCILIUM, 24

Son las Escrituras las que le dan a la Eucaristía su fundación, es la columna vertebral de nuestra tradición litúrgica. Es la Liturgia de la Palabra la fundación de la siguiente parte de la Misa, la Liturgia de la Eucaristía.

PRIMERA LECTURA

La Primera Lectura usualmente es tomada del Antigüo Testamento, que siendo la parte de la Biblia, que fué escrita antes de la Encarnación de Cristo, algunas veces llamada la Biblia Hebrea. Éstas Escrituras son consideradas la Palabra de Dios para los dos pueblos Cristianos y Judíos.

Aunque hay algunas personas que consideran el Antigüo Testamento "pasado de moda" o incluso " cancelado por medio del Nuevo Testamento", ésto es meramente una herejía que es llamada Marcionismo. Nombrada por su fundador Marcion de Sinope, ésta herejía fué condenada por muchos de los Primeros Padres de la Iglesia. Irónicamente, el Marcionismo conlleva a un cánon Biblico que sólo incluye un Evangelio de Lucas y una de las Epístolas Paulinas, pero fue el mismo San Pablo que nos dice el valor del Antigüo Testamento. En su carta a los Romanos él escribió,

---

"por lo que fue escrito en días pasados, fue escrito

para nuestra instrucción, para que con firmeza y aliento tengamos esperanza en las Escrituras"

— ROMANS 15:4

Las Escrituras a las que se estaba refiriendo San Pablo, fueron las del Antigüo Testamento, ellas son todavía válidas, todavía contienen la inspiradora Palabra de Dios, y todavía nos ofrecen aliento y esperanza.

También nos proveen mucho más contexto contenido para comprender el Evangelio así como los Judíos lo tenían en tiempos de Cristo . Proclamamos en el Credo , cada Domingo, que creemos que Cristo resucitó de entre los muertos" de acuerdo con las escrituras", pero cuáles escrituras? Cómo es que sabemos lo que proclamamos sin examinar las escrituras nosotros mismos? Es por esto que el Antigüo Testamento viene a ser indispensable a la vida de la Iglesia y de todos los Cristianos. Nosotros deberíamos ser nombrados en la historia de la historia de la salvación, porque conocemos la fundación de nuestras creencias, y la fundación principal de la Iglesia. El Nuevo Testamento no es que sea el "más importante" o el "más inspirado" que el Antigüo Testamento, los dos están han sido inspirados de manera equánime por el Espíritu Santo para nuestro beneficio.

Las lecturas del Antigüo Testamento no tienen una continuidad entre libro y libro, pero son colocadas en el leccionario (el libro de las lecturas que utilizamos en la Misa) para complementar y suplementar la lectura del Evangelio . Los temas en la Primera Lectura vienen a hacer un eco en el Evangelio del Domingo, esto es porqué, cuando personalmente me preparo para la liturgia del Domingo, me gusta leer la lectura del Evangelio primero y luego la Primera Lectura, seguida de la Segunda.

SALMO RESPONSORIAL

Despúes de la Primera Lectura, viene el Salmo Responsorial. Ésta extensión de la lectura del Antigüo Testamento, es parte de la lectura de la escritura, una parte sagrada con música (porque preferencialmente el Salmo es siempre cantado), y parcialmente rezado.

Rezar con los Salmos es una práctica antigüa de la Iglesia que se remonta hacia el pasado desde nuestras raíces Judías. El día de hoy en nuestra tradición Católica , encontrarás sacerdotes, religiosos, y laicos en todo alrededor del mundo rezando la liturgia de las horas, la cual está compuesta principalmente por el Libro de los Salmos. Si viajaras a Israel y visitaras el muro de Occidente, encontrarás Judíos rezando éstos mismos Salmos, así como Jesús lo hará en su día.

"Los Salmos alimentan y expresan la oración del Pueblo de Dios que se reunían derante las grandes fiestas de Jerusalén y en cada Sábado en las sinagogas. Su oración es inseparable personal y comunal; le concierne a los que están orando por todos los hombres. Los Salmos surgieron de las comunidades de la Tierra Santa y en el Diaspora , pero abarca toda una creación. Su oración recuerda los eventos salvíficos de el pasado, también se extiende hacia el futuro, incluso hacia el fin de la historia; conmemora las promesas de Dios que ya ha guardado, y espera el Mesías el que las llevará a cabo definitivamente. Rezadas por Cristo y cumplidas en Él, los salmos permanecen escenciales a las oraciones de la Iglesia."

— CCC2586

Rezar con los Salmos es , y ha sido una práctica común entre los Judíos , una de las últimas palabras que Jesús dijo en la Cruz fue una cita de los Salmos.

"A eso de las tres, Jesús gritó con fuerza: Elí, Elí,

lamá sabactani, que quiere decir: "Dios mío, Dios mío, por qué me has abandonado?"

— MATEO 27:46

Jesús estaba citando el primer verso del Salmo 22, y contrario a la opinión popular, Jesús no se estaba dando por vencido o admitiendo que el Padre lo había abandonado, Él estaba rezando un Salmo que empieza con desesperación pero termina con esperanza de liberación por Dios. Jesús estaba íntimamente conectado con los Salmos, y nosotros deberíamos de estarlo, porque ellos nos enseñan como rezar mejor.

REZEN COMO EL REY DAVID

La mayoría de los Salmos fueron escritos por el Rey David, un ancestro de Jesús, como un presagio o tipo de Cristo. El Rey David, fue descrito como " un hombre persiguiendo el corazón de Dios" (1ª Samuel 13:14) y desde que escribió los Salmos como un grito del corazón, con la inspiración de Espíritu Santo, la Iglesia nos enseña que los Salmos pueden ayudarnos a rezar como el Rey David rezaba.

"David es por excelencia el rey " persiguiendo el propio corazón de Dios", el pastor que reza por su gente y reza en su nombre. Su submisión a la voluntad de Dios, su alabanza y su arrepentimiento, vendrán a ser un modelo de oración para el pueblo. Su oración, la oración del Ungido de Dios, es una fiel adhesión a la divina promesa y expresa una amorosa confianza en Dios. El único Rey y Señor. En los Salmos, David, inspirado por el Espíritu Santo, es el primer profeta de los Judíos y oración Cristiana. La oración de Cristo, el verdadero Mesías e Hijo de David, revelará y cumplirá el sentido de ésta oración."

— CCC 2579

LA SEGUNDA LECTURA

Ésta lectura siempre es tomada del Nuevo Testamento, a diferencia de la Primer Lectura y el Salmo que fué cantado.

La importancia de estos Libros y Cartas de el Nuevo Testamento no puede ser sobrevaloradas. Mientras que las Palabras de Cristo y sus enseñanzas se encuentran en los Evangelios, los otros libros del Nuevo Testamento, escritos por hombres santos como San Pablo, Pedro, Santiago y Juan, amplían y explican algunas de las enseñanzas y acciones de Cristo.

La Segunda lectura recorre cada libro, uno a la vez, y no está ligada a la lectura del Evangelio, a diferencia de la Primera Lectura la cual es elegida de el leccionario para complementar la lectura del Evangelio. Si usted observa las lecturas del domingo, notará que cada domingo la Segunda Lectura lleva un progreso a través de la carta a los Romanos, 1ª Corintios, Efesios,y así continuamente. Mientras que las Primeras Lecturas saltarán entre Éxodo una semana y Ezequiel la próxima, dependiendo de la lectura del Evangelio de esa semana.

La Segunda Lectura toma el consejo pastoral de estos Apóstoles, y las absorbe en total, como una carta completa y no dividida en cada semana, así como leemos un Evangelio completo a la vez. Estas Epístolas del Nuevo Testamento son en realidad un excelente lugar para comenzar si alguien quiere comenzar un estudio serio de las Sagradas Escrituras porque explican el Evangelio y las Doctrinas de la iglesia de una manera muy pastoral y comprensible.

EL EVANGELIO

Las lecturas del Evangelio vienen a ser el pináculo de la Liturgia de la Palabra. Es en el Evangelio que escuchamos proclamar las propias palabras y deseos de Cristo. Las lecturas del Evangelio y el simbolismo que las acompaña son tan ricas que necesitarán un examen exhaustivo.

El GIRM (Instrucciones generales del Misal Romano) resalta que el Evangelio es "el punto culminante de la Liturgia de la Palabra", y que "La Liturgía misma enseña esa gran reverencia" esto es demostrada al separar éstas lecturas de las otras con extra cuidado y ceremonia (GIRM, 60)

Además, durante la proclamación del Evangelio, nos encontraremos con la primera de muchas oraciones y acciones silenciosas por parte del sacerdote y / o Diácono que en gran medida pasan desapercibidas para los fieles. Incluso que si lo notan, no se pueden escuchar, porque las rúbricas de la Misa indican que se deben decir: "en voz baja".

(Éstas "Oraciones Secretas," como en algunas ocasiones son llamadas, en realidad no son secretas porque están disponibles para que todos las puedan leer en el GIRM y en el Misal Romano, pero son desconocidas para muchos de los fieles, por lo que son similares a secretas. La Iglesia no nos está ocultando nada, pero en su sabiduría, ella eligió que estas oraciones fueran dichas en voz baja por razones desconocidas para mí, pero apuntan a un gran simbolismo y teología, que me gustaría compartirlas en este examen de la Liturgia.)

CICLOS LITURGICOS

Tal vez te has dado cuenta que las lecturas del Evangelio permanecen en un libro de los Evangelios durante todo el año (con algunas excepciones), ésto se debe a lo que llamamos ciclos litúrgicos.

Los Ciclos A, B y C pasan por los Evangelios de Mateo, Marcos y Lucas. El Evangelio de Juan se proclama alrededor de el tiempo de Navidad, durante la Cuaresma y durante la temporada de Pascua a través de los tres ciclos.

A pesar de que hay 27 libros en el Nuevo Testamento, solamente hay cuatro Evangelios, entonces, cada misa, 364 días al año (no hay misa el Viernes Santo, el único día del año en que no hay Misa), usted escuchará lecturas de uno de éstos cuatro.

TODOS SE PONEN DE PIE

Así como nos ponemos de pie para el sacerdote durante

la procesión de entrada, también nos ponemos de pie durante la proclamación del Evangelio. El motivo es respeto y reverencia, los Evangelios contienen la palabra de Cristo, y sus palabras merecen un máximo respeto, mostramos éste respeto y honor al ponernos de pie, de la misma manera en que los caballeros lo hacían en tiempos pasados cuando una dama entraba a un lugar, o cuando el Juez entra al recinto de la corte. Nuestra postura en la Misa también indica lo que estamos haciendo en este momento; sentados para aprender de las lecturas y homilía; de pie para la procesión y la oración, y arrodillados en reverencia por Cristo presente en el altar.

Ponernos de pie para escuchar el Evangelio también tiene precedentes bíblicos. Cuando el Sacerdote Esdras leía las Escrituras, toda la gente se puso de pie para mostrar reverencia hacia la Ley de Dios.

"Esdras abrió el libro a la vista de todas las personas, porque él estaba por encima de todas las personas; y cuando lo abrió toda la gente se puso de pie."

— NEHEMIAS 8:5

EL ALELUYA

El cantor, o el coro, dirigen a la gente en el canto del Aleluya. Aleluya, también traducida como hallelujah, proviene de una expresión hebrea que significa "alabado sea el Señor". Se cree que era cantada por los Sacerdotes Levitas durante los Tiempos liturgicos en Jerusalén.

Es encontrada a lo largo de los salmos, especialmente en el Salmo 150 y en la oración de alabanza de Tobit, en la que él describe la Nueva Jerusalén con las palabras "hallelujah".

"en todas tus callejuelas se oirá el '¡Aleluya!' cantarán: "Bendito sea el Dios de Israel! En ti bendecirán el santo Nombre, por los siglos de los siglos!,

— TOBIAS 13:18

Curiosamente, el único momento en el que aparece el aleluya en el Nuevo Testamento es en la visión de san Juan de la alabanza celestial. Éstas alabanzas se reflejan y se unen por nosotros mediante durante la Misa.

"Después de esto oí como una gran voz de una gran multitud en el cielo, que decía:"¡Aleluya! La salvación y la gloria y el poder pertenecen a nuestro Dios. Entonces los veinticuatro ancianos y los cuatro seres vivientes se postraron y adoraron a Dios, que *está* sentado en el trono, *y* decían: "¡Amén! ¡Aleluya!" Y del trono salió una voz que decía: Alaben ustedes a nuestro Dios, todos ustedes Sus siervos,

Los que Le temen, los pequeños y los grandes. Oí como la voz de una gran multitud, como el estruendo de muchas aguas y como el sonido de fuertes truenos, que decía: "¡Aleluya!

Porque el Señor nuestro Dios Todopoderoso reina."

— APOCALIPSIS 19:1 4-6

Podemos ver que aleluya fue proclamada por el rey David en los salmos, cantada por los sacerdotes en el templo de Dios, en una visión para ser cantado por la "gran multitud" en la visión del cielo de San Juan, y de acuerdo a Tobías podría ser considerado el himno de la Nueva Jerusalén (también el cielo).

¿Es de extrañar que cantemos alegremente el Aleluya antes de leer las palabras de La Palabra hecha carne? El punto de inflexión de la historia, el momento que divide el tiempo, cuando Dios bajó del cielo y se vistió Él mismo de carne humana, todo para la redención de la humanidad. Realmente, deberíamos cantar aleluya solo pensando en ello, y no solo durante la Misa sino incluso también al caminar por la calle.

LA BENDICION DEL SACERDOTE

Mientras la gente canta el aleluya, el Diácono levanta e inclina la cabeza ante el sacerdote que preside y le pide su bendición.

El sacerdote en voz baja reza por él,

"Que el Señor esté en tu corazón y en tus labios, para que puedas proclamar su Evangelio dignamente y bien, en el nombre del Padre, del Hijo y del Espíritu Santo."

Si no hay Diácono presente durante la Misa, el sacerdote proclamará el Evangelio él mismo, y antes de hacerlo el se inclina frente al altar y dice,

---

"Limpia mi corazón y mis labios, Dios todopoderoso, para que pueda proclamar dignamente tu santo evangelio."

VELAS

Probablemente ves esto o no en tu parroquia local, dependiendo de la disponibilidad de servidores del altar, un diácono y la preferencia del sacerdote , pero lo mencionaré aquí debido a su hermoso simbolismo.

Según las rúbricas (GIRM 117), el altar debe tener al menos dos velas en él, o al lado, durante la misa. Eso es imprescindible, pero procesar con las velas y trasladarlas al ambón es opcional.

Al tiempo en que todos de ponen de pie, los servidores del altar quitarán dos velas del altar y las colocarán junto al ambón (el ligar desde donde se proclaman las lecturas). Estas velas sirven con el propósito de simbolizar la luz de Cristo que entra en la procesión, es colocada en el altar colocado en el altar, y luego trasladada al ambón, desde donde la luz de Cristo brillará a través de cada una de sus palabras. Luego será trasladada de regreso al altar para ser testigo del sacrificio del Calvario que se hace presente en el altar.

SANTIGUARSE ANTES DEL EVANGELIO

Después de saludar a la gente, el Diácono, o Sacerdote dice:

"lectura del Santo Evangelio según San…"

Al decir éstas palabras, él hace la señal de la cruz en la frente, los labios y el pecho. Ésta es una oración a través del movimiento, al igual que la señal de la cruz es en sí misma una oración silenciosa, o una genuflexión ante el tabernáculo.

Imitamos éste movimiento, y al hacerlo, oramos para que la palabra de Dios esté en nuestra mente, en nuestros labios y resida en nuestros corazones. Ésta es una oración que nosotros, como Católicos, debemos rezar diariamente, incluso cada hora. Necesitamos a Cristo en nuestras mentes durante todo el día, necesitamos las Buenas Nuevas en nuestros labios en todo momento y necesitamos de que el amor de Dios resida para siempre en nuestros corazones y os guíe a seguir Su voluntad.

DESPUES DEL EVANGELIO

Después de la respuesta habitual de la gente, el diácono o el Sacerdote, besa el libro del Evangelio y dice en voz baja,

---

"A través de las palabras del Evangelio que nuestros pecados sean borrados."

Esta es otra oración que debería estar en nuestros corazones en todo momento. Para que al leer y meditar en la Palabra de Dios seamos conformados a ser más como Él. Esta es la mera esencia de orar con las Escrituras, que al meditar la Palabra de Dios podamos ser cambiados y sigamos más de cerca su voluntad.

LA HOMILIA

He oído decir que la homilía no es una parte muy importante de la Misa, es "solo la opinión del Padre. Todos tienen una opinión, entonces, ¿por qué es tan importante?" Pero este sentimiento no podría estar más equivocado.

Primero, nuestros Sacerdotes se llaman padre porque son

los padres espirituales de las parroquias que son nuestras familias espirituales, odiaría que mis hijos no respeten lo que tengo que decir y lo descarten tan fácilmente. Dicho esto, los sacerdotes no son infalibles, por lo que si dice algo que suena mal, o tal vez defiende una opinión que es heterodoxa, acérquese a él después y discútalo, pero hagas lo que hagas, no empieces a hablar mal de él a sus espaldas.

Segundo, la homilía es una parte muy importante de la Misa que se menciona tanto en el GIRM (párrafo 65) y en el *Sacrosanctum Concilium* (52). Una razón por la cual la homilía es importante, tan importante que no se puede omitir, excepto por una "razón seria", se puede encontrar en Lucas 24. En la historia sobre el camino a Emaús, Jesús relata varias escrituras y luego explica el significado de muchas profecías acerca de sí mismo a sus discípulos antes de tener una comida Eucarística con ellos. Si esta estructura suena familiar, es porque lo es, y la vemos en cada Misa a la que asistimos. Pensé que era solo yo, la primera vez que leí la historia de Emaús después de convertirme católico, pensé que había tenido una epifanía, pero luego leí el catecismo y lo vi allí mismo,

---

"¿No es este el mismo movimiento que la comida Pascual del Jesús resucitado con sus discípulos? Caminando con ellos, les explicó las Escrituras;

sentado con ellos en la mesa "tomó pan, lo bendijo y lo partió, y se los dio."

— CCC 1347

El eunuco etíope le preguntó a san Felipe cómo se suponía que debía entender las Escrituras "a menos que alguien le enseñase". (Hechos 8:31) El eunuco etíope se dio cuenta de algo que pasó por encima de la cabeza de demasiadas personas, que sin la influencia orientadora de la Iglesia y su autoridad magisterial de enseñanza, las personas llegan a una conclusión muy diferente basada en las escrituras sacadas de contexto. . Debemos leer y escuchar las Escrituras.

Dentro del marco contextual, la homilía sigue siendo una parte importante de la liturgia.

Después de la homilía, se "observa apropiadamente" un breve momento de silencio.

Si eres como yo, probablemente pensarás que el sacerdote acaba de tomar una micro siesta en su silla o se ha perdido en sus pensamientos, pero este silencio se prescribe en las rúbricas de la Misa. Es un momento para que todos nosotros meditemos y reflexionemos sobre el Lectura del Evangelio y cómo se nos ha presentado en la homilía, junto con cualquier desafío emitido por el homilista para vivir mejor nuestras vidas cristianas.

EL CREDO

Todos se ponen de pie nuevamente para profesar nuestra fé, usualmente en la forma del Credo Niceno, incluso el Credo de los Apóstoles también se puede rezar, especialmente en las Misas para niños. Nosotros profesamos nuestras creencias como un cuerpo, pero como una profesión de fé individual. El GIRM apunta que nosotros profesamos nuestras creencias en los sagrados misterios de la Iglesia, justo antes de que éstos misterios son celebrados en la Eucaristía." (GIRM, 67)

El Credo es un tema merecedor de su propio libro, o incluso una serie de libros, y ha habido muchos grandes libros escritos sólo para ésta porción de la Misa. Yo solamente voy a apuntar algo que encuentro muy notable; nosotros profesamos nuestra creencia en Dios el Padre, el Hijo y el Espíritu Santo, y al hacerlo profesamos nuestra creencia en la naturaleza de éstas tres persona, la Santísima Trinidad.

Hasta aquí, la sección más larga es acerca de quién es Jesús, y lo que Él ha hecho. Pero no es ni siquiera por la Iglesia o incluso por los Primeros Padres en el Concilio de Nicea y Constantinopla (en donde el Credo Niceno fue debatido y promulgado), si nos encontramos despreocupados con las enseñanzas de Cristo, es porque tenemos una forma correcta de "ousia" del griego (escencia) de saber que Cristo nos ayuda a entender a mejor entender las opiniones correctas de las enseñanzas de Cristo. Es porque sus enseñanzas provienen de su manera de ser, y entenderlo ayuda a demitificar lo otro.

Nosotros también afirmamos, que nuestra Fé son los Cuatro Pilares de nuestra Iglesia. Nosotros decimos que creemos que la Iglesia es Una, Santa, Católica, y Apostólica. Éstos pilares son muy importantes para la misión que la Iglesia tiene día con día, y son necesarios para discernir porqué la Iglesia (entre todos los posibles demandantes) es una, verdadera Iglesia, fundada por Cristo en sus Apóstoles. (Ver el Apéndice B para una exposición detallada en los Cuatro Pilares de la Iglesia).

Continuamos de pie mientras el Sacerdote o Diácono leen una serie de oraciones o intenciones a lo que usualmente nosotros respondemos con un usual "Señor, escucha nuestra oración"

Éste es el momento en el que nos unimos en oración con nuestra parroquia, nuestra diócesis , nuestra nación, y con toda la Iglesia Universal. Éste no es el momento en el que sin pensar respondemos sin una intención de orar o respondamos sin ningún significado para nosotros, estamos llamados para orar juntos, no solamente repetir las palabras. Éstas oraciones usualmente terminan con la oportunidad en que silenciosamente hacemos nuestra propias peticiones a Dios.

LITURGIA DE LA EUCARISTIA

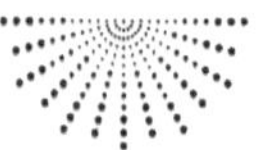

EL OFERTORIO

Después de las oraciones de los fieles, las ofrendas son presentadas en el altar. Éstas ofrendas son el pan y el vino, los elementos que serán ofrecidos a Dios como un sacrificio y será milagrosamente convertido en Cuerpo, Sangre, Alma y Divinidad de nuestro Señor y Salvador Cristo Jesús.

En tiempos de la antigüedad, los fieles horneaban el pan y procesaban el vino que iba a ser usado por el sacerdote durante la Misa, hoy en día las hostias son compradas de fabricantes especiales y el vino comúnmente es comprado de alguna vinatería. Los fieles todavía traen éstos regalos al altar representando los "regalos" que cada Católico trae a la Iglesia, y lo da de su propia voluntad, tiempo, talento y tesoro, para que sea utilizado para construir el Reino de Dios aquí en la tierra. También representa nuestra participación en el sacrificio que se va a ofrecer, así como el sacerdote más tarde dirá, " que mi sacrificio y el de ustedes..."

El uso de pan y vino tiene un significado más profundo, otro más que el más obvio de el que Jesús consagró en la Ultima Cena. Pan y vino, especialmente en el contexto de una comida de pacto, tiene una raíces muy profundas en el Antigüo testamento. El primer personaje al que se le llamó sacerdote en la Biblia, es Melquisedec, el rey de Salem, que trajo pan y vino para bendecir a Abraham.

"Y Melquisedec, rey de Salem (Jerusalén, Ciudad de Paz), sacó pan y vino; él era sacerdote del Dios Altísimo."

— GENESIS 14:18

Melquisedec es una especie, de un augurio de Cristo (incluso algunas personas le daban la posisión de que el era una preencarnación en apariencia del Dios Hijo, La Segunda Persona de la Santísima Trinidad). También, cuando un Sacerdote es ordenado, él es ordenado en el orden sacerdotal de Melquisedec y no por el orden sacerdotal Aarónico (Hebreos 6:20). Éste sacrificio el cual es ofrecido por el Sacerdote, es un sacrificio de acción de gracias, así como el sacrificio de Melquisedec, porque la palabra Eucaristía significa "acción de gracias" en griego. El Catecismo reconoce éste prefiguramento de la Eucaristía en el sacrificio de Melquisedec.

"La Iglesia ve en el gesto de el rey-sacerdote Melquisedec, quien "trajo pan y vino". A prefigurar su propia ofrenda."

— CCC1333

LA PREPARACION DE LAS OFRENDAS

En la preparación de las Ofrendas, especialmente la oración sobre las ofrendas, vemos claramente que el Santo Sacrificio de la Misa está inextricablemente vinculado a la institución de la Eucaristía en la Ultima Cena. Como la Ultima Cena era una celebración de la Pascua, solamente así tiene sentido que muchos elementos de la Liturgia de la Eucaristía comparte temas y simbolismos con la Pascua Judía.

San Pablo vincula nuestra celebración Eucarística con la fiesta de la Pascua, y los primeros padres la llamaban la

Pasión y resurrección de Cristo, y por extensión la Eucaristía, "la Pascua de Cristo."

"Limpien la levadura vieja para que sean masa nueva, así como *lo* son *en realidad* sin levadura. Porque aun Cristo, nuestra Pascua, ha sido sacrificado. [8] Por tanto, celebremos la fiesta no con la levadura vieja, ni con la levadura de malicia y maldad, sino con panes sin levadura de sinceridad y de verdad."

— 1ª CORINTIOS 5:7-8

Durante la preparación de las ofrendas, y los instrumentos del altar, así como la patena y el corporal, usted probablemente note que el diácono, o el sacerdote, viertan una pequeña cantidad de agua dentro del vino del cáliz.

Hay diferentes razones por ésta mezcla de ahua y vino, pero la razón principal es porque así fue como Jesús preparó la copa que Él le dio a los discípulos en la Ultima Cena. Era una práctica común en el mundo antigüo de diluir el vino antes de servirlo, pero era especialmente prescribido en la liturgia de la Pascua en la que Cristo y sus Discípulos estaban celebrando en la noche de la última cena.

En el Haggadah (el libro que contiene las instrucciones del ritual judío Seder, podríamos decir que es el equivalente al GIRM –Instrucciones Generales del Misal Romano-) da instrucciones en la manera en que la comida debe ser consumida, y en cómo los platos deben ser servidos, incluyendo la mezcla del agua y vino. En eL Talmud de Babilonia incluso dice exactamente la cantidad de agua que deberá agregarse.

Todo esto ha tomado un simbolismo mesiánico por los primeros Padres de la Iglesia; que algunos interpretan como una representación de el agua y sangre que fluyó del costado de Cristo en la cruz; otros lo ven como una representación de Cristo y el agua como la Iglesia, juntos unidos en un cáliz; e incluso otros lo ven como una unión hipostática de Cristo como divino y humano.

Yo creo que representa todas las opiniones arriba mencionadas, pero cuando es mezclado, una oración es rezada que le da luz de la manera en que la Iglesia la ve. No es que invalide los otros símbolos, pero escoge éste símbolo para resaltar en la liturgia. Mientras el diácono o sacerdote mezclan los dos, él reza estas palabras en voz baja,

---

"Por el misterio de ésta agua y vino, podamos venir a compartir en la divinidad de Cristo, quien se humilló asimismo para compartir nuestra humanidad."

Éstas palabras usualmente no son escuchadas por los fieles, al menos que la iglesia se encuentre en silencio, y usted esté sentado muy cerca del altar, pero son extremadamente ricas en teología. El hecho de que Dios se hizo hombre para dejarnos compartir en su divinidad es uno de los misterios centrales de nuestra Fé. Nosotros venimos a ser "partícipes de la Naturaleza Divina" (2ª Pedro 1:4) de Dios cada vez que lo recibimos a Él en la Sagrada Eucaristía. (CCC 1129 & 1997)

(Ésta parte siguiente de la liturgia, desde éste punto hasta que el sacerdote dice, "oren hermanos…", deben ser dichas en voz alta por para que la congregación escuche, o puede ser dicha en voz baja mientras hay algún canto de fondo, y la ofrenda es tomada. Esto es a discreción del celebrante)

Después que las ofrendas son llevadas al frente, el sacerdote ora sobre ellos diciendo éstas palabras. Primero tomando el pan, ora diciendo,

---

"Bendito seas Señor, de toda la Creación, que por medio de tu bondad hemos recibido el pan que te ofrecemos: fruto de la tierra y del trabajo de las manos humanas, que vendrá a ser para nosotros el pan de la vida."

Y la congregación responde con,

"Bendito seas por siempre Señor."

Entonces el sacerdote toma el cáliz y ora sobre el,

"Bendito seas Señor, de toda la Creación, que por tu infinita bondad hemos recibido el vino que te ofrecemos: fruto de la vid y del trabajo de los hombres, vendrá a ser nuestra bebida espiritual."

Y una vez más respondemos con,

"Bendito seas por siempre Señor."

Cuando Jesús y sus discípulos comían los alimentos juntos, y cuando ellos celebraron la Ultima Cena, Él pronunció bendiciones sobre el pan y el vino que vienen a ser muy parecidas a las oraciones sobre las ofrendas que escuchamos en cada Misa. Y como la Cristiandad tiene sus raíces Judías, ésta similaridad no debería sorprendernos en nada.

Aquí está la bendición Judía del pan y vino para compararla con la oración sobre las ofrendas,

---

"Bendito seas Señor Dios nuestro, Rey del Universo, quien trae pan de la tierra."

"Bendito seas Señor, Dios nuestro, Rey del Universo, quien ha creado la fruta del vino."

Casi las mismas palabras, porque conllevan al mismo sentido y propósito; de dar gracias al Creador, y Rey del Universo, por todo lo que tenemos y por el mismo hecho de ser Dios.

Después de éstas oraciones de bendición sobre el pan y el vino, el sacerdote se inclina y recita en voz baja,

---

"Con un Espiritú humilde y un corazón

arrepentido podamos ser aceptados por Ti, oh Señor, y que nuestro sacrificio en tu prescencia sea agradable a Ti, Señor Dios."

Esta es otra de algunas de las oraciones en voz baja, que la congragación rara vez escucha. Y como ésta última, es una muy hermosa oración que muestra el corazón de sirviente que el sacerdote debería tener. Un sacerdote Católico no es la autoridad más alta , como lo eran los sacerdotes paganos en el antigüo mundo, él es un servidor de la gente, y él se recuerda éste hecho asimismo en cada Misa. Esto es por lo que un titulo del Papa es "Servidor de los Servidores de Dios" porque él tiene una importante labor de pastorear a la gente, pero no para imponerles su voluntad como un total tirano.

Ésta oración es también muy similar a la oración de Azarías mientras se encontraba en el horno en el libro de Daniel,

---

"Recibe sin embargo nuestro corazón destrozado y nuestro espíritu humillado como si fueran holocaustos de carneros y de toros, o sacrificios de miles de gordos corderos."

— DANIEL 3:39

LAVADO

En ésta parte de la Misa , el sacerdote se aleja del altar y se lava las manos, con la ayuda de los servidores del altar y del diácono. Esto probablemente le pueda sorprender a más de uno, pero éste lavatorio de manos es en realidad la segundo vez en que el sacerdote se lava las manos como parte de la Misa; la primer ocasión es cuando se está vistiendo con las ropas litúrgicas en la sacristía y es una parte de la serie de oraciones llamadas oraciones de vestidura.

Mientras él se lava las manas, reza la oración del Salmo 51:2,

---

"Lávame, Señor, de mis iniquidades y límpiame

Éste es un Salmo penitencial clásico, pidiéndole a Dios que renueve el corazón del salmista y lo limpie de sus pecados."

Muchos católicos vinculan éste lavatorio de manos, de la manera en que Pilato se lavó las manos en la Pasión de Cristo . Pero el sacerdote no está actuando "en la persona de Pilato" como so lo fuera, el está llevando a cabo sus deberes de sacerdote, de ofrecer un sacrificio a Dios, en la Persona de Cristo. En la carta a los Hebreos, es revelado que Cristo es el Sumo Sacerdote, y que Él es también la víctima sacrificada quien se ofrece asimismo en el altar para la expiación de todo el mundo.

"Y ya que contamos con un sumo sacerdote excepcional que ha traspasado los cielos, Jesús, el Hijo de Dios, mantengámonos firmes en la fe que profesamos."

— HEBREOS 4:14

Entonces, para el sacerdote lavarse las manos por la "culpa" del sacrificio, no tiene sentido. Ahora lavarse las manos, como un acto litúrgico, de hecho precede a la Pasión de nuestro Señor por algunos 1300 años.

"El Señor habló a Moisés y le dijo: "Harás también una pila de bronce[a], con su base de bronce, para lavatorio. La colocarás entre la tienda de reunión y el altar, y pondrás agua en ella. Con ella se lavarán las manos y los pies Aarón y sus hijos. Al entrar en la tienda de reunión, se lavarán con agua para que no mueran. Tambien, cuando se acerquen al altar a ministrar para quemar una ofrenda encendida al Señor, se lavarán las manos y los pies para que no mueran. Será estatuto perpetuo para ellos, para Aarón y su descendencia, por todas sus generaciones."

— EXODO 30:17-21

En el Concilio de Jerusalén, que se menciona en los Hechos de los Apóstoles, los Apóstoles declararon de que ya no estamos obligados por la Ley ceremonial del Antigüo Pacto, solamente las leyes morales permanecen obligatorias para nosotros. Entonces, porqué mantener ésta ceremonia del lavado de manos, y porqué lo hacen tan públicamente en el altar? Porque la Iglesia nos está recordando, no con palabras, pero con acciones visibles a nosotros, de que la Misa es un sacrificio, y el sacerdote se está preparando asimismo para ofrecer ése sacrificio!!!

Por medio de ésta oración, en palabras y en acciones, se nos recuerda la antigüa fórmula Lex Orandi, Lex Credenti (del latín: "la ley de oración es la ley de creencia').

Este lema de los antigüos Padres de la Iglesia, quiere

decir el porqué y cómo, nosotros proclamamos oraciones en las que creemos.

ORATE, FRATRES

Orate Fratres (Latín: "oren hermanos"), a ésta orden nos ponemos de pie atentos.

Cuando nosotros rezamos en la misa, hay dos posibles posiciones, una es de pie, y la otra es de rodillas. Durante la oración Eucarística, nosotros emplearemos las dos posiciones. Arrodillados en reverencia y en petición durante la Epíclesis y Anámnesis, y de pie como el Cuerpo de Cristo, la Iglesia Militante, en la Oración del Señor.

Lo que usualmente nos damos es cuenta es cuando el sacerdote dice, "my sacrificio y el de ustedes". Entonces cuándo es nuestro sacrificio? Nuestro sacrificio son las cruces diarias que nosotros cargamos, todos nuestros cuidados y preocupaciones, todos nuestros sufrimientos, y todas nuestras intenciones. (Mediator Dei, 91-93)

Los Santos han dicho que si pudiésemos ver con nuestros ojos espirituales, podríamos ver a nuestro angel guardian despertar en el altar y ofrecer nuestras intenciones junto con las del sacerdote, uniendo nuestro sacrificio con el de la Misa.

También, en ésta oración, el sacerdote está preparando a traer la ofrenda de esta victima sacrificial al mismo trono de Dios. El está preparándose para éste milagroso momento pidiéndole a Dios de que acepte éste sacrificio en nombre de Su pueblo y prepararnos para el momento en que entremos a la vida eterno.

Nosotros oraos para que el Señor acepte el sacrificio en manos del sacerdote, y nosotros nos "unimos asímismos a ésta súplica" (GIRM, 77) de que el sacrificios es de los dos, de nosotros mismos y del sacerdote, y está siendo logrado por no solamente todos los presentes, sino también por medio de " toda su {de Dios} Santa Iglesia."

LA ORACION EUCARISTICA

La Oración Eucarística, por sí misma tiene diferentes variaciones; Oración Eucarística I (El Canon Romano) , Oración Eucarística II, Oración Eucarística III, y Oración Eucarística IV, todas tienen su propio prefacio. Pero incluso en ésta amplia gama de variaciones presentadas for el sacerdote oficiante, hay puntos en común entre todas las oraciones. Por ésta razón, nosotros nos enfocaremos menos en las palabras de las oraciones Eucarísticas y más en los elementos comunes de las oraciones. La Eucaristía es descrita como " la fuente y cumbre de nuestra fé," y la liturgia de la Eucaristía como " la cumbre de la celebración de la misa", entonces la oración Eucarística es el centro de la Misa.

El GIRM (Instrucciones Generales del Misal Romano) indica que la oración Eucarística es el "centro y cumbre de la celebración entera", y que "el significado de la Oración es de que toda la congregación de los fieles se unan asímismos a Cristo profesando los grandes deseos de Dios en la ofrenda del Sacrificio." Y continúa al decir que "La Oración Eucarística demanda de que todos los que la escuchen lo hagan con reverencia y en silencio" porque como es el centro de la liturgia debe ser tratada con mayor reverencia, (GIRM, 78)

Éste es el pináculo al que el resto de la liturgia ha ayudado a alcanzar su cumbre, es lo más alto de la montaña, y ciertamente porque es en lo más alto de la montaña, de que nosotros nos encontraremos místicamente al pie de la cruz con Jesús, quien fue crucificado en el monte del Calvario.

Esto es también lo que Jesús describió a la mujer Samaritana en Juan 4, cuando él le dijo que "Jesús le dijo: "Mujer, cree lo que te digo: la hora viene cuando ni en este monte ni en Jerusalén adorarán ustedes al Padre.." (Juan 4:21) Jesús envisionó Su Iglesia adorando a Dios en todos los lugares, y en todos los tiempos, en la tierra. Éste es el cumplimiento de la profesía de Malaquías, de que una ofrenda pura será ofrecida al Señor por todas las naciones,

---

"Porque desde la salida del sol hasta su puesta, Mi nombre *será* grande entre las naciones, y en todo lugar se ofrecerá incienso a Mi nombre, y ofrenda pura de cereal; porque grande *será* Mi nombre entre las naciones," dice el Señor de los ejércitos."

— MALAQUIAS 1:11

Y éstas palabras hacen ecos antes de la Epíclesis en la Oración Eucarística III,

---

"Santo eres en verdad, Padre, Y con razón te alaban todos tis creaturas, ya que por Jesucristo, tu Hijo, Señor Nuestro, con la fuerza del Espíritu Santo, das vida y santificas todo, y congregas a tu pueblo sin cesar, para que ofrezca en tu honor un sacrificio sin mancha desde donde sale el sol hasta el ocaso."

— MISAL ROMAÑOM ORACION
EUCARISTICA III

SURSUM CORDA

Mientras no es un parte del la propia Oración Eucarística
, no es uno de los ocho elementos constituyentes que el
GIRM muestra en párrafo 79, el Sursum Corda (Latín:
"levantemos el corazón") es incluido en la porción del
Misal que incluye la Oración Eucarística. Es en realidad
un saludo, un dialogo, instado por el sacerdote para
prepararnos a nosotros mismos para ésta porción de la
misa.

Ésta es una de las partes más antigüas de la celebración de
toda la Misa. La Misa es el mismo sacrificio del Calvario, y
de la Ultima Cena, pero han cambiado en palabra y estilos
con el paso de los años (los más obvios para nosotros en
ésta era serían los cambios hechos durante el Vaticano II),
pero aún así es lo mismo, y retiene algunas de las antigüas
oraciones, ésta es una de ellas. Lo más que podemos
rastrear a ésta Oración Eucarística es con San Hipólito de
Roma, un obispo e historiador del sigloII. Ésta oración es
incluida en todas las liturgias de las Iglesia Apostólicas
(incluyendo la Iglesia Católica, también incluidas las iglesias Ortodoxas del Este y Ortodoxas Orientales).

Qué quiere decir al decir "levantemos el corazón"?
Muchas veces, en el Antigüo Testamento es dicho que
levantamos nuestras almas y corazones a Dios en

oración. Algunas veces en los Salmos, David dice que el eleva su alma al Señor,

---

"A Ti, oh Señor, elevo mi alma."

— SALMO 25:1

"Alegra el alma de Tu siervo,

Porque a Ti, oh Señor, elevo mi alma."

— SALMO 86:4

Nosotros "elevamos nuestros corazones" a Dios, y al hacerlo entramos en el misterio que está a punto de iniciar. Nosotros estamos a punto de estar presentes en la recapitulación de el sacrificio del Calvario, un sacrificio sangriento que es re-presentado en de una manera no-sangrienta, de la misma manera en que la Ultima Cena fue la misma acción de sacrificio que el Calvario, el el cumplimiento de la Pascua, pero hecha de una manera no-sangrienta. Así como a San Juan se le ordenó "ven aquí arriba", nosotros también estamos a punto de entrar en la adoración a Dios que es descrita el el libro del Apocalipsis (también ver CCC1 090),

---

"Después de esto miré, y vi una puerta abierta en el cielo. Y la primera voz que yo había oído, como *sonido* de trompeta que hablaba conmigo, decía: "Sube acá y te mostraré las cosas que deben suceder después de éstas." **2** Al instante estaba yo en el Espíritu, y vi un trono colocado en el cielo, y a Uno sentado en el trono. **3** El que estaba sentado *era* de aspecto semejante a una piedra de jaspe y sardio[a], y alrededor del trono *había* un arco iris[b], de aspecto semejante a la esmeralda."

— POCALIPSIS 4:1-3

Ésta frase también quiere decir de que dispongamos nuestra mente y nuestro corazón en las cosas de Dios, que nos enfoquemos en Él, y que le adoremos. Estamos entrando en la más mística fase de la liturgia, y nosotros debemos elevar nuestros corazones y todo nuestro ser con todas de las preocupaciones de este mundo, y ponerlas a los pies de Dios, elevar los deseos de nuestro corazón y mantenernos en ése estado de elevación por el resto de la Misa.

San Cipriano de Cartagena, en sus escritos de alrededor del año 250, describe el significado de ésta oración,

---

"Además cuando estamos de pie en oración, queridos hermanos, debemos estar vigilantes y sinceros con todo nuestro corazón, en las intenciones de nuestra oración. Deja que todas los pensamientos carnales y del mundo pasen de largo , no dejes que tu alma piense en nadamás que no sean tus oraciones. Por ésta razón, también el sacerdote, a un modo de introducción antes de sus oraciones, prepara la mente de la congregación diciendo, "levantemos el corazón", y la congregación dice como respuesta, "lo tenemos levantado hacia el Señor", esto le ayuda a recordarle a él mismo que se tiene que mantener en pensar nada más que en el Señor. Deja que el pecho se cierre en contra del adversario, y sea abierto solo a Dios..."

— TREATISE 4 P 31

El continúa describiendo al demonio tratando de distraernos durante nuestra oración, y de cómo es ésta oración un recordatorio de levantar nuestros corazones al Señor y que enfoquemos nuestra atención en el milagro que está punto de pasar.

LA ANAFORA

La oración Eucarística, también conocida como la Anafora, tiene ocho distintos elementos. Estos elementos son descritos en el GIRM, párrafo 79. Vamos a ver ésta lista y vamos a ir más profundo en cada elemento:

1. Acción de Gracias. Esto es expresado principalmente el el prefacio.
2. Aclamación. Es cuando todos nosotros nos unimos con todos aquellos en el cielo y cantamos alabanzas a Dios.
3. Epíclesis. Aquí es cuando el sacerdote invoca al Espíritu Santo para que descienda sobre las ofrendas en el altar.
4. Institución narrativa y consagración. Por medio de la palabras actuales de Cristo, y por medio de las manos del sacerdote, el Pan y el Vino vienen a convertirse el Cuerpo y Sangre de Jesús.
5. Anamnesis. Este elemento gira alrededor de nuestra memoria. Nosotros recordamos lo que Cristo ha hecho por nosotros, mientras guardamos Su mandamiento de " hagan esto en conmemoración mía".

6. Ofrenda. Este sacrificio, de su Hijo, es ofrecido a Dios el Padre.

7. Interseciones. Aquí se nos recuerda, de que este sacrificio, no es solo para aquellos aquí presentes, o solamente para la Iglesia de los vivos, es ofrecida por toda la humanidad y por todos los tiempos.

8. Daxología Final. Un corta oración de alabanza que también sirve para recordarnos que todo, y cada parte de la Iglesia gira alrededor de Cristo.

Éstos son los elementos que vienen a formar una oración, ahora podemos enfocarnos cada uno individualmente.

EL PREFACIO

El Prefacio de la Oración Eucarística está lleno de acción de gracias, porque es "nuestro deber y nuestra salvación", darte gracias siempre y en todo lugar, Señor Padre Santo." Cuando nosotros respondemos, "es justo y necesario" a la invitación del sacerdote de dar gracias a Dios, nosotros estamos diciendo que Dios es digno de todas nuestras acciones de gracias por el simple hecho de ser Dios. Por ser creador del universo, Él es merecedor de nuestro infinito agradecimiento, e incluso esto es antes de que lleguemos a la parte de que Él revistiéndose asimismo en condición humana y sufriendo una muerte enloquecedora por nuestra salvación.

Dios es digno de nuestra acción de gracias porque Él lo es. El no tuvo que "ganarse" nuestra gratitud, todo lo que El ha hecho por nosotros, por usted y por mí, por toda la humanidad, fue hecho por el amor más puro; porque Dios es amor. (1ª Juan 4:8-10)

El prefacio prepara la mesa para la consagración que va a tener lugar, hace el trabajo preparatorio dando gracias y alabanzas a Dios , porque es "justo y necesario" de alabarlo " siempre y en todo lugar". (Colosenses 3:17)

LA ACLAMACION

Mientras el prefacio se aproxima a terminar, el sacerdote nos invita a unirnos con "todos los angeles y santos" en su himno interminable de alabanza.

En ésta frase no es solo un lenguaje poético, no es simbólico o metafórico, nosotros de hechos estamos uniéndonos con las alabanzas celestiales de todos los ángeles y santos en el cielo. No solamente con éste hecho nos venimos a dar cuenta de que la misa es la liturgia terrenal visible, y un adelanto de liturgia celestial invisible, que también incluye la Comunión de los Santos, nuestra creencia de que toda la Iglesia es unificada como un Cuerpo de Cristo que no puede ser separado por la muerte, porque los que están en el cielo están con vida!!!

"En la liturgia terrena pregustamos y participamos en aquella liturgia celestial que se celebra en la ciudad santa, Jerusalén, hacia la cual nos dirigimos como peregrinos, donde Cristo está sentado a la derecha del Padre, como ministro del santuario y del tabernáculo verdadero; cantamos un himno de gloria al Señor con todo el ejército celestial; venerando la memoria de los santos, esperamos participar con ellos y acompañarlos; aguardamos al Salvador, nuestro Señor Jesucristo, hasta que se manifieste Él, nuestra vida, y nosotros nos manifestemos con Él en la gloria."

— CCC 1090

Incluso las palabras que cantamos son las palabras actuales de alabanza que son cantadas al Señor por toda la eternidad! Aquí están y son hemosísimas:

"Santo, Santo, Santo es el Señor. Dios del universo.

Llenos están el cielo y la tierra de tu gloria.

Hosanna en el cielo.

Bendito el que viene en el nombre del Señor.

Hosanna en el cielo."

— MISAL ROMANO, ORACION
EUCARISTICA I, SANTO

Cómo es que sabemos la letra de tan hermoso himno celestial? Pueden ser encontradas allí mismo en las Escrituras. La primer porción es tomada de la visión de Isaías de el trono de Dios.

"En el año de la muerte del rey Uzías vi yo al Señor sentado sobre un trono alto y sublime, y la orla de Su manto llenaba el templo. **2** Por encima de El había[a] serafines. Cada uno tenía seis alas: con dos cubrían sus rostros, con dos cubrían sus pies y con dos volaban. **3** Y el uno al otro daba voces, diciendo[b]:

"Santo, Santo, Santo, es el SEÑOR de los ejércitos,

Llena está toda la tierra de[c] Su gloria."

— ISAIAS 6:1-3

San Juan escuchó ésta misma alabanza siendo cantada por las "cuatro creaturas vivientes" alrededor del trono de Dios en Apocalipsis 4:8.

Nosotros cantamos éstas alabanzas para afirmar nuestra creencia en la santidad de Dios. Nosotros cantamos tres veces santo Dios porque el lenguaje humano y la razón no pueden comprender que tan santo es Dios. La santidad de Dios no puede ser medida en términos que nuestra limitada mente no puede entender, entonces nosotros usamos la repetición de "Santo, Santo, Santo" es un lenguaje extremo para expresar el misterio de Dios. Otra posible razón de éste angélico himno de ser repetido tres veces es una referencia a la Santísima Trinidad, no siendo completamente revelada en el Antigüo Testamento pero que existe por toda la eternidad.

Nosotros también reconocemos que el cielo y la tierra están llenos de la Gloria de Dios (Salmo 19:1). Si nosotros no cantamos sus alabanzas, entonces Jesús nos dice que las piedras clamarán (Lucas 19:40)

La segunda parte del Santo es de las palabras de la multitud en el Domingo de Palmas, cuando Jesús entró a la ciudad de Jerusalén y fue aclamado como el Mesías. La multitud gritaba éstas palabras, palabras a las que estaban acostumbrados, tomadas del Salmo 1 18:25-26 y eran parte de los Salmos Hallel que eran cantados durante la comida de Pascua (Salmo 1: 13, 1-18).

"Y las multitudes que iban delante de El y las que iban detrás, gritaban:

"¡Hosanna al Hijo de David!

¡Bendito Aquel que viene en el nombre del Señor!

¡Hosanna en las alturas!"

— MATEO 21:9

Éstas dos partes que forman ésta oración son cantadas juntas y forman la porción de la aclamación de la Oración Eucarística. Nosotros proclamamos, a una sola voz, con la Iglesia Militante (aquellos que nos encontramos en la tierra), la Iglesia Triunfante (los santos y ángeles en el Cielo), e incluso la Iglesia Sufriente (las Santas almas en el purgatorio), de que Dios es tres Santas Personas , incomprensiblemente en una , y de que Él ha venido a salvar a su pueblo.

Hosanna quiere decir "sálvanos", y esa es la verdadera razón por la que Jesús vino a el mundo ; para salvarnos de nuestros pecados, y de hecho el significado del nombre de Jesús. (Mateo 1:21)

Cuando la gente de Jerusalén gritaba "hosanna" cuando

Jesús entró a la ciudad el Domingo de Ramos, ellos estaba clamándole , a Dios que los salvara pero también proféticamente anunciaban a Jesús como el que salvaría toda la humanidad.

EPICLESIS

La Epíclesis (del Griego: " llamando desde lo alto") es el momento en que el sacerdote invoca al Espíritu Santo a que venga a posarse sobre los dones del altar.

Este elemento de la oración es muy distinctivo por dos razones; una, es que tan pronto que terminamos de cantar el Santo, todos a excepción del sacerdote nos arrodillamos en señal de reverencia; y la otra, es que el sacerdote hace un movimiento con sus manos que no es hecha en ningún otro momento de la liturgia. En éste movimiento, el sacerdote junta sus manos enfrente de él, y las posa juntas, sobre las ofrendas, mientras invoca al Espíritu Santo para que descienda sobre ellas.

"La *Epíclesis* ("invocación sobre") es la intercesión mediante la cual el sacerdote suplica al Padre que envíe el Espíritu santificador para que las ofrendas se conviertan en el Cuerpo y la Sangre de Cristo y para que los fieles, al recibirlos, se conviertan ellos mismos en ofrenda viva para Dios."

— CCC 1105

Hasta este punto, el sacerdote inicia una transición directa en las palabras de la consagración.

INSTITUCION NARRATIVA Y CONSAGRACION

En este elemento de la oración, escuchamos lo que es llamado "la institución narrativa", que siendo las mismas palabras que Cristo usó cuando El instituyó la Eucaristía, en la primer Misa, en el cuarto de arriba en Jueves Santo, en la Ultima Cena.

Antes de que el sacerdote repita las palabras de Cristo, hay una corta introducción,

"El cual, la víspera de su Pasión, tomó pan en sus santas y venerables manos, y, elevando los ojos al cielo, hacia ti, Dios Padre todopoderoso, dando gracias te bendijo, lo partió, y lo dio a sus discípulos diciendo:"

— MISAL ROMANO, ORACION
EUCARISTICA I

Las palabras de la Institución siguen inmediatamente de esta introducción. La gente a menudo pregunta cuándo es que toma lugar la transubstanciación, Santo Tomás de Aquino dijo que el cambio tiene efecto en los últimos momentos al decir las Palabras de la Institución,

---

"por lo tanto debe ser dicho que este cambio, como lo he mencionado antes, es forjado por las palabras de Cristo las cuales son repetidas por los sacerdotes, entonces en el último instante en que se pronuncian las palabras es el primer instante en el cual el Cuerpo de Cristo se hace presente en el sacramento..."

— SUMA TEOLOGICA, Q.75, A.7

San Juan llamó a Jesús "la Palabra hecha carne" en el prólogo de su Evangelio (Juan 1:14). Y nos dice que todo lo que existe, de manera visible e invisible, viene a tener existencia por medio de Su Palabra. Dios llamó al universo entero a existir (Génesis 1:3); Jesús le habló a la pequeña niña y la elevó de entre los muertos (Marcos 5:41); El utilizó el poder de Sus palabras y le ordenó a Lazaro que saliera de la tumba (Juan 11:43); y también El usó el mismo poder de la Palabra de Dios, , la esperanza, que lo creó todo, para cambiar el pan y el vino en Su Cuerpo y Sangre.

Nosotros sabemos que al repetir las palabras que Cristo promulgó en la Ultima Cena, palabras a las que nombramos Institución Narrativa, han venido a ser parte de la liturgia de la Iglesia desde el mismo inicio, porque es por éstas palabras de que la Forma de el sacramento es llevado a a cabo.

En el Concilio de Trento se declaró " Cada Sacramento consiste de dos cosas, masa , la cual es llamada el elemento, y forma, lo cual es comunmente llamada la palabra"; en el bautizo es usada la formula Trinitaria de " Yo te bautizo en el nombre del Padre, Hijo y Espíritu Santo," y agua. En el Santísimo Sacramento, la masa es pan y vino, y la forma es lograda por medio de la Palabras de la Institución.

La Institución Narrativa viene de los Evangelios sinópticos, y de la Primera carta de San Pablo a los Corintios. Así como Santo Tomas de Aquino lo indicó esto ocurre en el mismo momento en que éstas palabras son pronunciadas, de que el pan y el vino dejan de existir y lo que se nos viene a presentar enfrente de nosotros, en las manos del sacerdote, es verdaderamente el Cuerpo, Sangre, Alma y Divinidad de Cristo Jesús.

Así como la divinidad de Jesús siempre estaba presente

en Él, incluso desde el momento de su concepción, pero esta invisible a los sentidos humanos – excepto por ese momento excepcional en la montaña de la transfiguración- es también Jesús el que se hace presente ante nuestros ojos, incluso aunque no le podamos ver allí.

Cuando el sacerdote repite las palabras de Cristo, en la Institución Narrativa, el está actuando en la Persona de Cristo, y nosotros estamos allí para escuchar las palabras como si estuviésemos en la Ultima Cena y Jesús las está diciendo directamente hacia nosotros. La razón de ésto es por ser quienes somos, y quién es El! Así como la misa es el sacrificio en el Calvario hecho presente, de la misma manera es también una re-presentación de la Ultima Cena.

(Anámnesis, son las palabras utilizadas por Jesús en los tres Evangelios sinópticos cuando les dice a los discípulos" tomen y beban". Ésta palabra es traducida como "conmemoración", pero esa traducción se queda corta al verdadero significado de la palabra. Lo estoy mencionando aquí para mostrarles la conección con la Ultima Cena, pero de hecho toma parte de uno de los ocho elementos de la Oración Eucarística y vendrá a tener mayor profundidad en la siguiente sección.)

En este punto el sacerdote eleva ligeramente la Ostia del altar, y pronuncia éstas palabras:

"TOMEN Y COMAN TODOS DE ÉL, PORQUE ESTO ES MI CUERPO, QUE SERA ENTREGADO POR USTEDES."

— MISAL ROMANO, ORACION EUCARISTICA I

Entonces el sacerdote sostiene elevada la Ostia consagrada, y si en la parroquia se utilizan campanas, éstas son tocadas durante la elevación.

Después de una pequeña explicación en cómo Jesús bendijo el cáliz, el eleva el cáliz ligeramente mientras pronuncia:

"TOMEN Y BEBAN TODOS DE ÉL, PORQUE ÉSTE ES EL CALIZ DE MI SANGRE, SANGRE DE LA ALIANZA NUEVA Y ETERNA, QUE SERS DERRAMADA POR USTEDES Y POR MUCHOS PARA EL PERDON DE LOS PECADOS.

HAGAN ESTO EN CONMEMORACION MIA."

— MISAL ROMANO, ORACION EUCARISTICA I

De la misma manera en que la Ostia fué elevada, el sacerdote ahora eleva el cáliz que ahora está lleno con la Preciosa Sangre de Nuestro Salvador.

Cuando Jesús encomienda a sus Apóstoles a "hagan esto" qué es lo que Él quiere que hagan? Cuál es el "esto", que Él quiere decir?

En el primer siglo para los judíos, la respuesta vendría a ser muy clara. Jesús dijo que Su Sangre sería "derramada" para el perdón de los pecados. Bajo las enseñanzas de los sacrificios en el Antigüo Testamento, quién derramaba una ofrenda a Dios? Fueron los sacerdotes de los tiempos de Aaron, y al decirles a Sus Apóstoles de "derramar" una ofrenda para el perdón de los pecados, Cristo les está diciendo que ellos son los nuevos sacerdotes de la Nueva Alianza!!. No fue necesario que El les dijera " por cierto, Yo los estoy ordenando a ustedes doce sacerdotes," porque ellos no captarían el mensaje solo por el contexto de las palabras con las que El habló.

MISTERIO DE LA FE

Misterio, en el lenguaje de la Iglesia, no es como un episodio de algún programa de detectives, no es algo en el que nos pongamos un sombrero y tengamos que resolver el misterio. Un misterio es la creencia de que es revelado por Dios, y entendido por la Iglesia, pero no completamente comprendido porque no es completamente comprensible por medios naturales.

"E indiscutiblemente, grande es el misterio de la piedad:

El fue manifestado en la carne,

Vindicado (Justificado) en el Espíritu,

Contemplado por ángeles,

Proclamado entre las naciones,

Creído en el mundo,

Recibido arriba en gloria."

— 1ª TIMOTEO 3:16

Solamente por la Fé es que verdaderamente podamos aceptar estos misterios por completo, y la transubstanciación es el misterio central. En las iglesias orientales hay muchos más contenidos con misterios y explicaciones místicas de las cosas, en la Iglesia del Occidental estamos más enfocados en la teología de la manera de San

Anselmo, que definió la teología como "la fé buscando el entendimiento". Y aunque las iglesias del Este y Ortodoxas Orientales creen en la Real Presencia de Jesús en la Eucaristía, ellas prefieren en dejar el "cómo" completamente a Dios, en vez de confiar en la explicación de la transubstanciación.

Pero el Misterio de la Fé no solamente se refiere a la transubstanciación, se está refiriendo a todo el Misterio Pascual, la vida entera de la Iglesia, Dios se hizo carne para nuestra redención.

"Toda la vida de Cristo es misterio de *Redención*. La Redención nos viene ante todo por la sangre de la cruz (cf. *Ef* 1, 7; *Col* 1, 13-14; *1 P* 1, 18-19), pero este misterio está actuando en toda la vida de Cristo: ya en su Encarnación porque haciéndose pobre nos enriquece con su pobreza (cf. *2 Co* 8, 9); en su vida oculta donde repara nuestra insumisión mediante su sometimiento (cf. *Lc* 2, 51); en su palabra que purifica a sus oyentes (cf. *Jn* 15,3); en sus curaciones y en sus exorcismos, por las cuales "él tomó nuestras flaquezas y cargó con nuestras enfermedades" (*Mt* 8, 17; cf. *Is* 53, 4); en su Resurrección, por medio de la cual nos justifica (cf. *Rm* 4, 25)."

— CCC 517

ACLAMACION MEMORIAL

Aquí encontramos tres opciones, y es escogida a discreción del sacerdote celebrante, la más común (en mi experiencia personal) es la primera, pero demos un vistazo a las tres:

I. Anunciamos tu muerte, proclamamos Tu resurrección. Ven Señor Jesús!

II. Cada vez que comemos de este pan y bebemos de este cáliz, anunciamos tu muerte, Señor, hasta que vuelvas.

III. Salvador del mundo, sálvanos, tú que nos has liberado por tu cruz y resurrección.

Las tres son breves recitaciones del mensaje del Evangelio. Jesús fue crucificado como una ofrenda de nuestros pecados (2ª Corintios 5:21), El fue resucitado de entre los muertos por nuestra justificación (Romanos 4:25), El nos dio su carne para darnos sustento (Juan 6), y El regresará en su gloria para juzgar a los vivos y a los muertos (Mateo 25:31).

ANAMNESIS

Por eso, Padre, nosotros, tus siervos, y todo tu pueblo santo, el celebrar este memorial de tu muerte gloriosa de Jesucristo, ti Hijo, nuestro Señor...

— MISAL ROMANO, ORACION
EUCARISTICA I

Aquí es que nosotros re-encontramos esta palabra, de la Palabras de la Institución. Anamnesis es comúnmente traducida como "conmemoración, en memoria", pero de hecho viene a traducirse a algo que se acerca más a " recordando al hacerse presente."

"La Eucaristía es el memorial de la Pascua de Cristo, la actualización y la ofrenda sacramental de su único sacrificio, en la liturgia de la Iglesia que es su Cuerpo. En todas las plegarias eucarísticas encontramos, tras las palabras de la institución, una oración llamada *anámnesis* o memorial."

— CCC 1362

Este concepto nos lleva de regreso al la primera Pascua en Egipto, cuando Dios instruyó a Moises de hacer esto un memorial para siempre,

"En la tierra de Egipto el Señor habló a Moisés y a Aarón y les dijo: "Este mes será para ustedes el principio de los meses. Será el primer mes del año para ustedes. Y este día será memorable para ustedes y lo celebrarán *como* fiesta al Señor. Lo celebrarán por todas sus generaciones *como* ordenanza perpetua."

— EXODO 12: 1-2, 14

Más tarde en este capítulo, Dios le dice a Moisés , que cuando las futuras generaciones le pregunten porqué la Pascua es tan especial, es porque se les recuerda a los hijos de Israel lo que Dios hizo por ellos.

"Y guardarán esta ceremonia como ordenanza para ustedes y para sus hijos para siempre.

"Cuando entren a la tierra que el SEÑOR les dará, como ha prometido, guardarán este rito]. Y cuando sus hijos les pregunten: '¿Qué significa este rito para ustedes?' ustedes les dirán: 'Es un sacrificio de la Pascua al SEÑOR, el cual pasó de largo las casas de los Israelitas en Egipto cuando hirió a los Egipcios, y libró nuestras casas.'" Y el pueblo se postró y adoró."

— EXODO 12:24-27

Este mandato no solamente fue para la gente que se encontraba con vida en Egipto, porque Dios les dijo que celebraran esta fiesta por siempre, y eventualmente todas esas personas murieron. La pregunta se anticipa al futuro, " cuando sus hijos..." y las respuestas son dadas de manera personal, en memoria real, y en una realidad presente incluso para las futuras generaciones que no se encontraban allí presentes.

"Lo harás saber a tu hijo en aquel día, diciendo:

> '*Esto* es con motivo de lo que el Señor hizo por mí
> cuando salí de Egipto."
>
> — ÉXODO 13:8

Pero incluso ahora, 3,500 años después, si usted atiende una celebración de la Pascua, usted escuchará a los niños preguntar, "Porqué ésta noche es diferente a las otras noches?"Usted escuchará al padre de la casa proclamar que es porque lo que "Dios el Señor hizo por mí cuando salí de Egipto."

Nosotros escuchamos esto en la liturgia de Vigilia Pascual . Cuando el diácono canta el Exsultet:

> "Esta es la noche, cuando tu lidereaste a nuestros
> antepasados, los hijos de Israel, de la esclavitud de
> Egipto y los hiciste pasar por tierra seca por medio
> del Mar Rojo.

Esta es la noche en que con un pilar de fuego destierra la oscuridad del pecado.

Esta es la noche que incluso ahora, por todo el mundo, aparta a los Cristianos creyentes de los vicios del mundo y de la oscuridad del pecado, llevándolos a una vida en gracia y uniéndolos con los santos.

Esta es la noche, en que Cristo rompió las barreras de la muerte, y resucitó victorioso del inframundo.".

(fragmento del Exsultet)

Ésta es la escencia de la Anámnesis. Así como la familia Judía que se encuentra celebrando la Pascua y recuerda y hace presente los eventos del pasado, nosotros como familia Cristiana estamos llamando y haciendo presentes los acontecimientos de la primera Vigilia Pascual.

En los cientos de veces en que en el Antigüo Testamento se utiliza la palabra "conmemorar", no solamente se refiere a recordar de modo nostálgico. Quiere decir recordar a la memoria los hechos de Dios y reconocer que Sus acciones todavía se encuentran con validez en el presente.

"En el sentido empleado por la Sagrada Escritura, el *memorial* no es solamente el recuerdo de los acontecimientos del pasado, sino la proclamación de las maravillas que Dios ha realizado en favor de los hombres (cf *Ex* 13,3). En la celebración litúrgica, estos acontecimientos se hacen, en cierta forma, presentes y actuales. De esta manera Israel entiende su liberación de Egipto: cada vez que es celebrada la pascua, los acontecimientos del Éxodo se hacen presentes a la memoria de los creyentes a fin de que conformen su vida a estos acontecimientos."

— CC 1363

Ahora bien, entendiendo el concepto de Anámnesis, nosotros podemos captar mejor la milagrosa re-presentación de los eventos de el sacrificio de Jesús en el Calvario.

CRISTO MURIO UNA VEZ

---

sabiendo que Cristo, habiendo resucitado de entre los muertos, no volverá a morir; la muerte ya no tiene dominio sobre El.

— ROMANOS 6:9

"Porque también Cristo (el Mesías) murió por *los* pecados una sola vez, el justo por los injustos, para llevarnos a Dios, muerto en la carne pero vivificado en el espíritu."

— 1ª PEDRO 3:18

Una principal objeción en contra de la realidad del del sacrificio de la Misa, desde los tiempos de la reforma Protestante, es que la Iglesia re-sacrifica a Jesús en cada Misa. Esto no es lo que la Iglesia enseña, como nos dimos cuenta atrás en el párrafo 1367 del Catecismo, el sacrificio de la Misa, y el sacrificio del Calvario son uno, el mismo. Es un milagro de que nosotros tenemos el sacrificio de el Calvario re-presentado para nosotros como testigos y participemos en el.

En el párrafo 1366, el Catecismo menciona la couta del Concilio de Trento, y explica que Cristo no es re-sacrificado en cada Misa:

La Eucaristía es, pues, un sacrificio porque *representa* (= hace presente) el sacrificio de la cruz, porque es su *memorial* y *aplica* su fruto:

«(Cristo), nuestro Dios y Señor [...] se ofreció a Dios Padre [...] una vez por todas, muriendo como intercesor sobre el altar de la cruz, a fin de realizar para ellos (los hombres) la redención eterna. Sin embargo, como su muerte no debía poner fin a su sacerdocio (*Hb* 7,24.27), en la última Cena, "la noche en que fue entregado" (*1 Co* 11,23), quiso dejar a la Iglesia, su esposa amada, un sacrificio visible (como lo reclama la naturaleza humana) [...] donde se representara el sacrificio sangriento que iba a realizarse una única vez en la cruz, cuya memoria se perpetuara hasta el fin de los siglos (*1 Co* 11,23) y cuya virtud saludable se aplicara a la remisión de los pecados que cometemos cada día (Concilio de Trento: DS 1740).

— CCC 1366

Es por esto que la Anámnesis es muy importante. Tenemos que entenderla para saber que es el sacrificio del Viernes Santo el que prescenciamos ante nosotros en el altar, y no nuestro Señor muriendo una y otra vez, cada vez que celebramos la Eucaristía.

(Este libro no es un trabajo pala apologética, es más una catequesis de la liturgia, lo cual sentí que fuese un tema importante de explicar)

OFRENDA

La Ofrenda deja muy claro que los elementos que se vinieron a convertir en el Cuerpo y Sangre de Nuestro Señor son sacrificiales, y están unidos al sacrificio del Calvario,

---

"Por eso, Padre, nosotros, tus siervos, y todo tu pueblo santo, al celebrar este memorial de la muerte gloriosa de Jesucristo, ti Hijo, nuestro Señor; de sus santa resurrección del lugar de los muertos y de su admirable ascensión a los cielos, te ofrecemos, Dios de gloria y majestad, de los mismos bienes que nos has dado, el sacrificio puro, inmaculado y santo: pan de vida eterna y cáliz de eterna salvación.

Mira con ojos de bondad esta ofrenda y acéptala, como aceptaste los dones del justo Abel, el sacrificio de Abraham, nuestro padre en la fe, y la oblación pura de tu sumo sacerdote Melquisedec.

— MISAL ROMANO, ORACION

EUCARISTICA I

El inicio de este elemento de la oración se encuentra

unido a la anamnesis de lo último, porque la Misa es un acto continuo de adoración, una sola oración a Dios.

Anteriormente ya muchas veces hemos visto que la Misa es un sacrificio, y que aquí es donde el sacrificio es ofrecido a Dios, por medio de las manos del sacerdote, el sacerdote esta una vez actuando en Persona Cristi, que quiere decir que esta actuando en la persona de Cristo. Jesús se ofreció a sí mismo, como sacerdote y como víctima, en el altar en la cruz.

"Pero cuando Cristo apareció *como* Sumo Sacerdote de los bienes futuro], a través de un mayor y más perfecto tabernáculo, no hecho con manos, es decir, no de esta creación, entró al Lugar Santísimo una vez para siempre, no por medio de la sangre de machos cabríos y de becerros, sino por medio de Su propia sangre, obteniendo redención eterna.

Porque si la sangre de los machos cabríos y de los toros, y la ceniza de la novilla, rociadas sobre los que se han contaminado, santifican para la purificación de la carne, ¿cuánto más la sangre de Cristo, quien por el Espíritu eterno El mismo se ofreció sin mancha a Dios, purificará nuestra conciencia de obras muertas para servir al Dios vivo?

Porque Cristo (el Mesías) no entró en un lugar santo hecho por manos, una representación del verdadero, sino en el cielo mismo, para presentarse ahora en la presencia de Dios por nosotros."

— HEBREOS 9:11-14,24

Este es el mismo sacrificio que el sacerdote ofrece a Dios, el mismo sacrificio que Cristo ofreció en nuestro nombre. Es la sangre de la Nueva Alianza que es derramada por nosotros. Cristo, es el cordero pasccual, que ha sedo sacrificado, para que nosotros podamos celebrar la nueva Pascua de la muerte a la vida (1ª Corintios 5:7)

INTERCESIONES

En las intercesiones, el sacerdote ora por la persona en que la Misa está siendo ofrecida, por la Iglesia universal, por el Papa y el obispo local, por todas los miembros del clero, y finalmente por los fieles que han fallecido.

San Pablo nos ordena de estar orando insensantemente y de orar unos por otros (1ª Tesalonicenses 55:17 & Efesios 6:18).

En las intercesiones, la Iglesia ora por todo el mundo, y de este modo mantiene este mandamiento. Todos los días en cada esquina del orbe, hay un sacerdote celebrando Misa, y el está orando por ti. Es increíble cuando lo piensas de esta manera.

DAXOLOGIA FINAL

Mientras toma el cáliz y la ostia en lo alto, el sacerdote proclama la daxología final de la Oración Eucarística:

"Por Cristo, con él y en él, a ti, Dios Padre, omnipotente, en la unidad del Espíritu Santo, todo honor y toda gloria por los siglos de los siglos."

— MISAL ROMANO, ORACION
EUCARISTICA I

Los elementos que el sacerdote mantiene elevados en el altar ya han sido transformados en el Cuerpo y la Sangre de Cristo, entonces cuando el dice esta oración y está viendo hacia el cáliz de la Preciosa Sangre y al Cuerpo de Nuestro Señor, el se está refiriendo en esta oración hacia Él a el que está sosteniendo. El está sosteniendo el Cuerpo de Cristo, sacrificado y repartido por ti, y al decir esto se refiere en que por medio de éste sacrificio es que toda la gloria es para el Padre por siempre.

"Y hallándose en forma de hombre, se humilló El mismo, haciéndose obediente hasta la muerte, y muerte de cruz. Por lo cual Dios también Lo exaltó hasta lo sumo, y Le confirió el nombre que es sobre todo nombre, para que al nombre de Jesús SE DOBLE TODA RODILLA de los que están en el cielo, y en la tierra, y debajo de la tierra, y toda lengua confiese que Jesucristo es Señor, para gloria de Dios Padre."

— FILIPENSES 2:8-11

EL GRAN AMEN

La oración Eucarística termina con el Gran Amén. La palabra amén significa "que así sea" y nosotros estamos diciendo amen, no solamente a lo dicho en la daxología anterior, sino a toda la oración Eucarística, e incluso a toda la liturgia de la Eucaristía.

El Amén es recitado en la oración Eucarística, a lo largo de la liturgia, y por medio de la escritura. Este amén aunque es diferente, porque es cantado, y además es repetido tres veces, así como el Santo fue cantado antes. Esto es como el punto de exclamación de la daxología, y una confirmación empática en nuestra creencia de que lo que el sacerdote eleva sobre el altar probablemente tenga la apariencia de pan y vino, pero que verdaderamente ha venido a transformarse en el Cuerpo y en la Sangre de nuestro Señor y Salvador Cristo Jesús.

"Jesucristo mismo es el "Amén" (*Ap* 3, 14). Es el "Amén" definitivo del amor del Padre hacia nosotros; asume y completa nuestro "Amén" al Padre: «Todas las promesas hechas por Dios han tenido su "sí" en él; y por eso decimos por él "Amén" a la gloria de Dios» (*2 Co* 1, 20):

«Por Él, con Él y en Él,

a ti, Dios Padre omnipotente,

en la unidad del Espíritu Santo,

todo honor y toda gloria,

por los siglos de los siglos.

AMÉN."

— CCC 1065

Amén, Amén, Amén.

EL RITO DE COMUNION

LA ORACION DEL SEÑOR

Despues del gran Amén, tondos nosotros nos ponemos de pie, e iniciamos la transición al Rito de Comunión. Nos unimos en la gran oración que Cristo nos enseñó. De hecho, esta es la única oración que Jesús le enseñó a sus discípulos durante los tres años en que estubieron juntos (según lo que sabemos).

Siempre me impacta demasiado , cuando el sacerdote dice "nos atrevemos a decir..." justo antes de orar la Oración del Señor. Pero cuando reflexionas en las palabras de la oración, nos estamos atreviendo a llamar al Creador de el universo "Padre Nuestro". Esto de alguna manera era intimidante para los Cristianos Judíos, ellos veían a Dios como Padre, pero de una manera menos familiar de cómo lo vemos en éstos días , pero los gentiles convertidos estarían en shock nervioso, que por ésta idea de que el ser más poderoso del universo , el único y un solo Dios de toda la creación, pudiese conversar con alguien como un "Padre".

Un concepto como éste sería inimaginable para la gente acostumbrada al paganismo Romano y Griego de los gentiles. Sus dioses eran crueles y pequeños, que tenían muy poco o nada de interés por el cuidado de la gente que los adoraba, y solamente se contenían asímismos de maltratar a sus seguidores por los regalos que les traían de vino y oro. Pero éste Dios Cristiano era accesible, amoroso, cuidadoso y no requería regalos extravagantes para satisfacer su hambre. El solamente quiere tener una relación con Su creación, y que sus seguidores lo amen. Si esto no hubiese sido como "un mandato de nuestro Salvador y formado por la enseñanza Divina" probablemente hubiesen rechazado toda esta idea.

Ya iluminados, decir que nos "atrevemos" a llamar a Dios "Padre" tiene mucho más sentido.

(La Oración del Señor merece más espacio de el que aquí le puedo dedicar, pero escribí una pieza separada, que podrás encontrar en el apéndice A el final del libro)

SALUDO DE PAZ

Jesús nos prometió darnos "la paz que sobrepase todo entendimiento", entonces es entendible que la liturgia nos ha dado a cambio mientra Jesús esta físicamente presente en el altar en la forma de la Hostia consagrada y de la Preciosa Sangre. Es la presencia de Cristo en nuestras vidas que nos trae paz, y es en la presencia física manifestada que reconocemos al compartir éste signo de paz.

Las palabras que el sacerdote utiliza, cuando nos invita a que compartamos la paz de Cristo, viene del Evangelio de Juan.

Deberíamos de tomar un momento para reflexionar este versículo y se profundo significado,

---

La paz les dejo, Mi paz les doy; no se la doy a ustedes como el mundo la da. No se turbe su corazón ni tenga miedo.

— JUAN 14:27

Notemos en que Jesús hace una distinción entre la paz que ofrece el mundo, y en la paz que Él nos da.

La paz que ofrece el mundo no es una paz verdadera, es la ausencia momentánea de un conflicto. Solamente veamos a lo que es comúnmente conocido como la "Pax Romana", era un tiempo en que no había guerra, y menos conflicto, pero no era absolutamente paz. La paz del mundo es entendida como la subyugación del más fuerte al más débil, es obtenida por medio de la fuerza, incluso fuerza política o en el campo de batalla. Es muy leve, es frágil, y es ilusoria. Tan pronto como los enemigos de Roma se daban cuenta de alguna debilidad ellos invadían y saqueaban la ciudad, trayendo consigo un fin de la "paz" que el Imperio Romano había traído. Una paz, que vas a recordar, que fue enforzada por el governador Romano, refiriéndose a la ejecución brutal de un hombre que él sabía era inocente, todo por el nombre de "mantener la paz" (Marcos 15:15 & Juan 19:12). Pilato se encontraba tan preocupado por una potencial ruptura de ésta frágil "paz" que el dejó que Cristo fuese crucificado. Esa no es una paz verdadera.

La paz de Cristo es una paz muy diferente a la que el mundo ofrece, porque es permanente, es robusta, y es substanciosamente real. La paz que Cristo ofrece es una paz que literalmente esta fuera de éste mundo. La paz de Cristo es una paz que sobrepasa todo entendimiento (Filipenses 4:7)

También es un recordatorio de otra enseñanza de Cristo, de que estamos llamados a reconciliarnos con nuestros hermanos entes de ofrecer una ofrenda en el altar, y así como dijimos solo minutos antes, la ofrenda en el altar es Cristo y es ofrecido por el sacerdote en nuestro nombre, entonces nosotros nos reconciliamos con aquellos que están a nuestro derredor de una manera verdaderamente real y simbolica antes de que nos acerquemos al altar del Señor.

"Por tanto, si estás presentando tu ofrenda en el altar, y allí te acuerdas que tu hermano tiene algo contra ti, deja tu ofrenda allí delante del altar, y ve, reconcíliate primero con tu hermano, y entonces ven y presenta tu ofrenda."

— MATEO 5:23-24

El saludo de paz, es algunas veces confundido como una invención moderna, porque la Misa antes del Vaticano II (La Misa Tridentina) tiene un signo de paz entre el sacerdote celebrante y un servidor, pero no entre los feligreses. Este no es el caso, y sabemos esto porque San Justino Mártir escribió acerca de compartir un "beso de paz" antes de recibir la Eucaristía en su Primera Apologética.

RITO DE FRACCION Y CORDERO

Después del saludo de la paz, dos acciones simultáneas tienen lugar; el sacerdote lleva a cabo el Rito de la Fracción, y la gente canta el Angus Dei (Latín: Cordero de Dios). Vamos a explorar cada uno, como si fuesen separados, pero éstos ritos son incluso un solo movimiento en la liturgia.

RITO DE FRACCION

El sacerdote toma la Ostia, la parte sobre la patena, y pone una pequeña pieza en el cáliz.

"El gesto que tuvo Cristo de partir el pan en la Ultima Cena, el cual recibió el nombre de la Acción Eucarística en tiempos apostólicos, significa que muchos fieles forman un solo cuerpo (1ª Corintios 10:17) al recibir Comunión de el Pan de la Vida el cual es Cristo , quien murió y resucitó por la salvación del mundo...El sacerdote parte el Pan y coloca una pieza de la ostia en el cáliz para dar significado a la unidad de el Cuerpo y Sangre de el Señor en el trabajo de la salvación, dándole el nombre, de el glorioso viviente Cuerpo de Cristo Jesús."

—GIRM, 83

El motivo por el cual el sacerdote parte el pan es doble, uno es porque es lo que dicen los Evangelios que Jesús hizo en la Ultima Cena (Lucas 22:19), y la otra es para simbolizar en como el Cuerpo de Nuestro Señor fue quebrado por nosotros.

El poner una pieza de la Ostia en el cáliz es llamado "mezcla" y tiene sus orígenes en practicas antigüas de la Iglesia. En los primeros años de la Iglesia, la celebración de la Eucaristía era dirigida por un Apóstol, o por un sucesor designado por los Apóstoles quienes fueron los primeros obispos. Cuando la iglesia del obispo creció lo suficiente para poder tener múltiples celebraciones Eucarísticas, el designaba a sacerdotes para celebrar la Eucaristía.

Para mantener una conección con el obispo, su liturgia, y sus sucesores Apostólicos, el partía una pequeña parte de la Ostia consagrada llamada fermentum, y esta sería enviada a todos los sacerdotes para ser mezclada con el cáliz en sus celebraciones Eucarísticas.

El Papa también enviaba un Fermentum a otros obispos, siendo esto un signo de unidad, y al aceptarla mostraban que estaban en comunión con el sucesor de San Pedro, el Obispo de Roma.

La Iglesia se fue expandiendo, y las diócesis crecieron más grandes, y las persecuciones forzaron a la Iglesia a esconderse, ésta practica dejó de hacerse, pero su legado sigue vivo en las Misas hasta el día de hoy.

La mezcla del Cuerpo y la Sangre de Cristo ha venido a tomar otro significado espiritual, aparte de la antigua practica del Fermentum, y es visto para representar la

Resurrección de Cristo, cuando su Cuerpo y su Alma fueron reunidos en la tumba.

Mientras hace esto, el sacerdote dice en voz baja,

"Que esta mezcla de el Cuerpo y la Sangre de Cristo nos traiga la vida eterna a aquellos que la reciban."

ANGUS DEI

Mientras el sacerdote parte la Ostia, y mezclándola en el cáliz, la congregación canta (o recita) el Angus Dei

---

"Cordero de Dios, que quitas los pecados del mundo, ten piedad de nosotros.

Cordero de Dios, que quitas los pecados del mundo, ten piedad de nosotros.

Cordero de Dios, que quitas los pecados del mundo, danos la paz."

Esta oración es básicamente en parte en las palabras de Juan el Bautista en el Evangelio de Juan, y estas palabras son repetidas verbalmente por el sacerdote más después en la Liturgia,

---

"Al día siguiente Juan vio a Jesús que venía hacia él, y dijo: "Ahí está el Cordero de Dios que quita el pecado del mundo."

— JUAN 1:29

Jesús es nuestro Cordero Pascual, y es descrito como un Cordero por San Juan en Apocalipsis 29 veces. El motivo de que esta imagen como cordero es repetida muchas veces en Apocalipsis, y en nuestra Liturgia, es porque Jesús fue hacia el altar de Su Cruz como el Sumo Sacerdote (Hebreos 5:10) y se dio asimismo como un sacrificio que pudiese realmente limpiarnos de nuestros pecados, no como los corderos y toros de el Antigüo Testamento que solamente cubrían los pecados (Hebreos 10).

A lo largo de la liturgia , así como sucede en el Nuevo Testamento, la imagen del cordero siendo degollado es muy prominente. Esto es para asegurarse que la realidad del sacrificio de Cristo es nuestro cordero Pascual (1ª Corintios 5:7) es consagrada en nuestros corazones y mentes.

ORACION EN SILENCIO DEL SACERDOTE

Despues del cantar, o recitar el Angus Dei, y después de que termina el Rito de la Fracción que sucede al mismo tiempo, el sacerdote ora una o dos oraciones en silencio (algunas veces no en tanto silencio):

"Señor Jesucristo, Hijo de Dios vivo, que por voluntad del Padre, cooperando el Espíritu Santo, diste con tu muerte la vida al mundo, líbrame, por la recepción de tu Cuerpo y de tu Sangre, de todas mis culpas y de todo mal. Concédeme cumplir siempre tus mandamientos y jamás permitas que me separe de ti."

O bien:

"Señor Jesucristo, la comunión de tu Cuerpo y de tu Sangre no sea para mí un motivo de juicio y condenación, sino que, por tu piedad, me aproveche para defensa de lama y cuerpo y como remedio saludable."

GENUFLEXION

En este momento, el sacerdote hace una genuflexión para mostrar reverencia al sacrificio de la persona que se encuentra en el altar. Entonces el eleva los elementos sagrados, elementos que han sido sustantivamente transformados de pan y vino, a el Cuerpo, Sangre, Alma y Divinidad de nuestro Señor Cristo Jesús, diciendo,

---

"Éste es el Cordero de Dios, que quita el pecado del mundo. Dichosos los invitados a la cena del Señor."

Esta es la conjunción de dos versículos de la Sagrada Escritura. La primer parte son las palabras de San Juan el Bautista, que también es de donde se toma lo básico del Angus Dei, justo hace un momento, cuando él vio venir a Jesús en el río Jordan (Juan 1:29).

La segunda parte viene del Apocalipsis de San Juan,

"El *ángel* me dijo: "Escribe: 'Bienaventurados los que están invitados (los llamados) a la cena de las Bodas del Cordero.'" También me dijo: "Estas son palabras verdaderas de Dios."

— APOCALIPSIS 19:9

La "cena de el Cordero" a la que esta proclamación se está refiriendo, no es solamente el comer la carne de nuestro Cordero Pascual en la Misa, no es solamente nuestra participación en el sacrificio del Calvario, y no es solamente la participación terrenal en la liturgia celestial, pero sí es una anticipación de esperanza de ser participantes en la "cena matrimonial del Cordero" que es mencionada solo unos versículos atrás en el Apocalipsis.

"Regocijémonos y alegrémonos, y démosle a El la gloria,

Porque las bodas del Cordero han llegado y Su esposa se ha preparado."

— APOCALIPSIS 19:7

A lo largo de las Escrituras, en los dos el Antigüo y Nuevo Testamentos, la imagen de Dios y Su Pueblo, es proyectada como la Novia y su Novio. Jesús El mismo utilizó estas imágenes, como también lo hiso San Pablo en sus epístolas. La Iglesia es la novia de Cristo, y nuestra eternidad con El es al gran banquete de bodas al que hemos sido llamados, si nosotros perseveramos y nos mantenemos en estado de gracia y amistad con Dios. Si nosotros mantenemos nuestras lámparas llenas de aceite y las mechas recortadas, nosotros seremos bendecidos para entrar en la fiesta de el último día (ver Mateo 25:1-13).

Este frase "benditos seamos los que hemos sido llamados" es una de las muchas multivalentes declaraciones en la Misa. Nosotros somos bendecidos al haber sido llamados a tener fe en Cristo y ser miembros de Su Iglesia; somos bendecidos al recibir la Eucaristía y consumir el Cordero de Dios; somos benditos al ser llamados a formar parte de este banquete celestial en donde comeremos el pan de la vida por toda la eternidad.

Un banquete descrito por el profeta Isaías 750 años antes de que el Novio tomara parte de carne humana y viniese a establecer Su Iglesia para que fuese Su Novia. Una celebración de la victoria que fue ganada en el monte de el Calvario, y que será consumada en las montañas de Zion en la Nueva Jerusalén,

---

"El Señor de los ejércitos preparará en este monte para todos los pueblos un banquete de manjares suculentos,

Un banquete de vino añejo, pedazos escogidos con tuétano,

Y vino añejo refinado.

Y destruirá en este monte la cobertura que cubre todos los pueblos,

El velo que está extendido sobre todas las naciones.

 El destruirá la muerte para siempre.

El Señor Dios enjugará las lágrimas de todos los rostros,

Y quitará el oprobio de Su pueblo de sobre toda la tierra,

Porque el Señor ha hablado.

 Y en aquel día se dirá:

"Este es nuestro Dios a quien hemos esperado para que nos salvara.

Este es el Señor a quien hemos esperado;

Regocijémonos y alegrémonos en su salvación."

— ISAIAS 25:6-9

LA ORACION DE EL CENTURION

"Pero el centurión respondió: "Señor, no soy digno de que Tú entres bajo mi techo; solamente di la palabra y mi criado quedará sano."

— MATEO 8:8

Al mismo tiempo en que el sacerdote eleva la Ostia y el Cáliz, los fieles oran la oración de el centurión de los Evangelios. El centurión era un hombre justo de acuerdo con San Lucas (Lucas7:4-5) y escuchó que Jesús sanaba a la gente entonces el lo buscó. La fe de el centurión era tan fuerte que cuando Jesús se ofreció para venir a su casa, el centurión le dijo que él creía que las palabras de Jesús eran suficientes para sanar. Esta fue una declaración profética de este hombre, porque la palabra de Jesús es la que creó el universo, de acuerdo con el prólogo de el Evangelio de Juan.

Esta es la misma fe que nosotros debemos tener cuando nosotros formalmente oramos las palabras de este hombre fiel. Nosotros rezamos sus palabras con el pequeño cambio de "my criado" a mi alma", y nosotros tenemos que darnos cuenta de que cada vez que recibimos la Eucaristía, Cristo nos sana, incluso aunque esta sanación no sea solamente física-aunque Él es capaz de sanar nuestros cuerpo físicos si El lo quiere- nuestras almas son siempre sanadas al recibir Su Cuerpo y su Sangre. Nosotros recibimos una gracia sobre otra por medio de este precioso regalo, y venimos a ser llamados a cumplir Su voluntad, y a ser fortificados en contra de nuestra inclinación hacia el pecado debido a nuestra naturaleza caída.

Al consumir la carne de Cristo y al pedirle que entre bajo el techo de nuestra alma, nosotros venimos a ser participantes de la Divina Naturaleza (2ª Pedro1:4) y mientras el transubstanciona el pan y vino en Su Cuerpo y Sangre, El transformará nuestra naturaleza humana a ser algo más como la Naturaleza Divina.

RECIVIENDO LA EUCARISTIA

Despues de que todos rezamos la oracion de el centurión el sacerdote se da asímismo la comunión. El, y cualquier otro sacerdote co-celebrante son los únicos que se pueden dar la comunión asímismos. Este acto es llamado autocomunicación y no está permitido bajo ninguna otra circunstancia.

El motivo se ser de la Eucaristía como un regalo, y el

regalo de ser dado y de ser recibido. Nosotros recibimos a Jesús, su Cuerpo y Sangre, por el deseo de Dios, como un regalo de Dios, y por medio del ministerio de la Iglesia.

Cuando el sacerdote consume la Eucaristía bajo las dos especies, él silenciosamente reza esta oración,

---

"El Cuerpo de Cristo me guarde para la vida eterna

Y comulga reverentemente el Cuerpo de Cristo.

Después toma el cáliz y dice en secreto

La Sangre de Cristo me guarde para la vida eterna."

Así como el pueblo de Israel fueron alimentados en el desierto con el maná que cayó del desierto (Exodo 16), dándoles comida para la jornada y alimento para poder alcanzar la tierra prometida, a nosotros también se nos ha dado comida para nuestras almas para ayudarnos en nuestras jornadas aquí en la tierra, hasta que alcanzemos la tierra prometida en el cielo.

El Maná que los judíos comieron en el desierto fue pan del cielo, pero fue solamente un presagio de el pan de la Vida bajado del cielo. Les dió sustento en el desierto, pero solamente los alimentó físicamente, el Pan que

Cristo nos dará nos nutrirá espiritualmente y por toda la eternidad. Ésto es lo que Jesús nos prometió cuando El nos dijo que si nosotros comíamos de "el pan de la vida bajado del cielo" nosotros tendríamos vida eterna,

---

"Yo soy el pan de la vida. Los padres (antepasados) de ustedes comieron el maná en el desierto, y murieron. Este es el pan que desciende del cielo, para que el que coma de él, no muera. Yo soy el pan vivo que descendió del cielo; si alguien come de este pan, vivirá para siempre; y el pan que Yo también daré por la vida del mundo es Mi carne."

— JUAN 6:48-51

PURIFICACION DE LAS VASIJAS

Después de la recepción de la Santa Comunión, regresamos a nuestros asientos, permanecemos de rodillas en un momento de reflexión en silencio, dando gracias por el regalo que Él nos ha dado en la Eucaristía.

Mientras nos encontramos orando, el sacerdote y el diácono, se encuentran ocupados en el altar purificando las vasijas ságradas que fueron utilizadas en la comunión. Esto no es solamente "lavar los trastes" como algunas personas lo llaman. Este es de hecho una parte muy importante y muy reverente parte de la liturgia.

Cristo está físicamente presente en cada gota de su Preciosa Sangre que se queda en el cáliz, y en cada miga de la Ostia que se encuentra en el ciborium o en la patena. Por ésta razón, y por la reverencia que le debemos a nuestro Rey y a nuestro Creador, nosotros debemos permanecer en una postura de reverencia (usualmente de rodillas), una actitud de reverencia y en reverencial silencio.

El tiempo en que se utiliza para purificación de las vasijas sagradas no es tiempo para socializar, para checar tus correos, o pararte y dar por terminada de la Misa. Nosotros debemos comportarnos de una manera en que le demos respeto y honor a Nuestro Señor, presente en el Sagrado Sacramento, que Él se merece.

Mientras purifica las vasijas, el sacerdote y el diácono rezan una hermosa y profunda oración. Ésta oración es muy antigüa, y de acuerdo con algunas erúditos de la liturgia, fue una oración en que todos los fieles rezaban después de la comunión,

---

"Haz, Señor, que recibamos con un corazón limpio
el alimento que acabamos de tomar, y que el don

que nos haces en esta vida nos aproveche para la eterna."

Nosotros recibimos la Eucaristía "a un tiempo" pero las gracias sacramentales y su gran propósito son de sacarnos fuera del tiempo y llevarnos en un camino hacia la eternidad.

4

RITO DE CONCLUSION

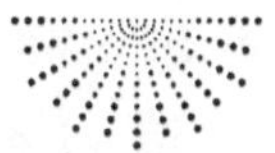

El Rito de Conclusión es muy corto, y de hecho sólo consiste en la oración de Post-Comunion , la bendición y despedida. (Técnicamente la oración de post-comunion, es parte de la Liturgia de la Eucaristía, pero yo la he incluido en este capítulo porque la mayoría de la gente la considera parde del Rito Conclusorio)

Una vez más, nosotros asumimos la postura para la oración, de pie, y nos unimos en oración al sacerdote mientras el da gracias a Dios por la Liturgia que acabamos de celebrar. Despues de la oración de post-comunion, el sacerdote probablemente les pida que se sientes por uno momento mientras un lector lee algunos anuncios parroquiales.

Una vez que los anuncios han sido hechos –si es que hay-

todos se ponen de pie para recibir la bendición sacerdotal.

Los sacerdotes de Dios han venido dando bendiciones mucho antes desde los tiempos de Melquisedec y de los sacerdotes Aarónicos de el pacto de Moisés, entonces nosotros recibimos parte de esas bendiciones de nuestro sacerdote quien ha ofrecido el sacrificio de la Misa en nuestro nombre.

DESPEDIDA

L A Misa tiene muchos nombres, el catecismo (CCC 1328-1332) tiene una lista de algunos diferentes términos al que le podemos llamar a este aspecto de la vida de la Iglesia, pero Misa es el más común en la iglesia occidental. La despedida es en donde actualmente tomamos el término "Misa". Ite, missa est es como el sacerdote despide a los feligreses en el rito de la Misa Tridentina, con "missa" siendo traducida a "Misa". Esto literalmente se traduce a "Vayan, a (los miembros de la asamblea)" pero el Papa Benedicto XVI escribió en cómo puede haber un sentido más profundo con estas palabras de despedida,

"Después de la bendición, el diácono o el sacerdote despide a la gente con las palabras: Ite, missa est.

Estas palabras nos ayudan a comprender la relación entre la Misa que se acaba de celebrar y la misión de los cristianos en el mundo. En la antigüedad, missa simplemente significaba "despido". Sin embargo, en el uso cristiano, gradualmente adquirió un significado más profundo. La palabra "despido" ha llegado a implicar una "misión". Estas pocas palabras expresan sucintamente la naturaleza misionera de la Iglesia. Se podría ayudar al Pueblo de Dios a comprender más claramente esta dimensión esencial de la vida de la Iglesia, tomando el despido como punto de partida. En este contexto, también podría ser útil proporcionar nuevos textos, debidamente aprobados, para la oración sobre las personas y la bendición final, a fin de aclarar esta conexión."

— SACRAMENTUM CARITATIS, 51

Nosotros somos enviado a una missio, una misión , y eso es que vivamos nuestras propias promesas bautismales cada hora en cada día. Estamos llamados a vivir como Católicos Cristianos en todo el tiempo, y no solamente por los 60-90 minutos en que estamos en Misa los Domingos.

Este es un compromiso para toda la vida, y al ser despedidos solamente estamos iniciando. El Domingo es el primer día de la semana, y qué mejor manera de iniciar la semana al ser enviados a una misión por la Iglesia para ganar almas para el Reino, de derribar las barreras del enemigo. Cristo nos prometió que los puentes son una medida defensiva, no armas poderosas. Nosotros debemos de tomar la iniciativa en la pelea con el enemigo, y no sentarnos y esperar a ser atacados. Vamos a retirarnos de la Misa y tomemos iniciativa de ganar almas que se encuentran justo en las puertas de infierno, vamos a una misión y seamos una iglesia evangélica y misionera en nuestras ciudades y en nuestros países. Seamos despedidos de la Misa, para vivir incluso como más auténticos católicos que cuando llegamos.

Nuestra misión es ser santos, y de tener santos alrededor de nosotros, por medio de muestras palabras y acciones.

LA MISA HA TERMINADO

5

NOTAS FINALES

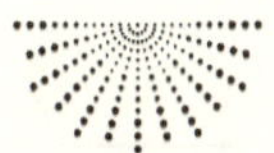

NO DEN POR HECHO

Este ha sido un trabajo de amor, yo amo la liturgia de la Iglesia, y amo a mis lectores, a quienes deseo que después que han visto los diferentes significados de la Misa tengan una más profunda apreciación de la liturgia después de leer este libro. Mi oración es que todo este tiempo que has pasado estudiando, sea espiritualmente satisfactorio y te fortalezca en tu relación con el Señor Cristo Jesús y con Su Iglesia.

Qué más gloriosa oportunidad tenemos de estar presentes en la Cena del Señor, en la Cena del Cordero, cada vez que vamos a Misa. Nunca des eso por hecho y no dejes que se convierta en una rutina.

Como o dijo San padre Pío, "Sería mucha más fácil para el mundo de sobrevivir sin el sol que el hacerlo sin la Santa Misa."

UNA OPORTUNIDAD PARA UN ENCUENTRO

"La cristiandad no es un sistema intelectual, una colección de dogmas, o moralidad. Cristiandad es en vez de eso un encuentro, una historia de amor, un evento."

— PAPA BENEDICTO XVI

El Papa Benedicto XVI dijo que la Cristiandad se trata de un encuentro con Cristo Jesús, y que nosotros podemos tener un encuentro con Él de muchas maneras, pero la más tangible es la Misa. Nosotros escuchamos que Jesús predicaba en el Evangelio, nosotros conversamos con nuestro Señor en oración, y lo recibimos en el Santísimo Sacramento. Yo animo a que todo aquel que lea este libro a que no vea la Misa como un solo "algo que hacemos los católicos", sino a que lo veamos como lo que es verdaderamente; un lugar de encuentro con Cristo.

Manteniendo esta idea de encontrarnos con Cristo en la

liturgia, nosotros siempre debemos recordar en dónde lo vamos a encontrar; nosotros nos encontramos parados al pie de la cruz en el Calvario. Nosotros estamos presentes en un momento escencial de la historia. Nosotros nos encontramos allí porque la Misa es un sacrificio, la Misa es EL sacrificio, el sacrificio de nuestro Señor y Salvador, Cristo Jesús. Si nosotros mantenemos éstas dos cosas en nuestra mente, nosotros nunca pasaremos la Misa desapercibida.

EL SACRIFICIO TOTAL

Constantemente me estreso, a lo largo de este libro, y cuando tengo un debate sobre la liturgia, de que la Misa es un sacrificio. La Misa "completa y traspasa todos los sacrificios del Antigüo Testamento" (CCC 1330), pero no solamente es un sacrificio para nuestra santificación como el Cordero Pascual o la ofrenda del pecado del Yom Kippur, también es un sacrificio de acción de gracias.

Eucaristía (Greek: "thanksgiving") es el nombre con el que comúnmente nombramos al Santísimo Sacramento, pero la celebración de la Eucaristía es también un nombre al que le llamamos Misa. La Misa es una celebración de acción de gracias por toda la salvación, por las gracias que Él nos da, por la propia existencia del universo. Dios nos ha dado muchas cosas, y lo menos que podemos hacer es darle gracias.

El Antigüo Testamento tuvo un sacrificio que fue descrito como una acción de gracias, conocido como la ofrenda del Todah (Hebreo: "gracias"), era un subconjunto de las ofrendas de paz, y era el único tipo de sacrificio en donde un no-sacerdote podía participar en la comida sacrificial.

"Esta es la ley del sacrificio de la ofrenda de paz que será ofrecido al Señor: Si lo ofrece en acción de gracias, entonces, junto con el sacrificio de acción de gracias, ofrecerá tortas sin levadura amasadas con aceite, y hojaldres sin levadura untados con aceite, y tortas de flor de harina *bien* mezclada, amasadas con aceite. *En cuanto a* la carne del sacrificio de sus ofrendas de paz en acción de gracias, se comerá el día que la ofrezca; no dejará nada hasta la mañana *siguiente*."

— LEVITICO 7:11-12,15

Este sacrificio era ofrecido en acción de gracias por eventos específicos, y especialmente después de que una vida era salvada por alguna enfermedad de muerte o heridas graves. Cristo nos ha salvado al redimirnos de la muerte a la que fuimos condenados por la desobediencia de Adán (Romanos 5:17), así que el sacrificio del Todah (sacrificio de acción de gracias en la cultura Judía) es una respuesta razonable.

Entonces en escencia, un sacrificio del Todah era ofrecido después de la muerte (Cristo en la Cruz), y era ofrecido por medio de un cordero (Jesús es el Cordero verdadero), pan (Jesús es el Pan verdadero bajado del cielo), y es consumido por los dos, el sacerdote y la gente del pueblo. Eso para mí, suena como la celebración de la Misa!!. Esta es la Eucaristía verdadera

Existe el Midrash (antigua enseñanza judía de el Torah) que dice, "en el tiempo por venir {la edad mesiánica}, todos los sacrificios serán anulados – excepto el sacrificio de acción de gracias {todah} no será anulado" (Vayikra Rabbah 9:7). El "tiempo por venir", o tiempo mesiánico, son los tiempos en los que vivimos, pero el pueblo judío todavía espera. El Midrash dice que todos los sacrificios dejaran de ofrecerse, excepto el sacrificio de Todah. Ese sacrificio continuará por la eternidad. El Templo de Jerusalén fue destruido por el general Titus en el año 70 DC, terminando así con todos los sacrificios, pero nuestro sacrificio de acción de gracias se ofrece a Dios todos los días, y en todos los lugares de la tierra desde tiempos de los Apóstoles.

NOSOTROS DEBEMOS PARTICIPAR

Me gustaría terminar este libro con algunos párrafos tomados de la Constitución tomados del Concilio Vaticano II, remarca la importancia de la liturgia en la vida de la Iglesia, pero incluso más importante es nuestra participación consciente, completa, y activa en la sagrada liturgia.

Como ya he dicho antes, no podemos participar completamente consciente, y activos en algo sin tener un entendimiento básico de lo que es. No nos podemos envolver en la participación de la oración en la Misa a la que llamaron los padres del concilio, a menos que tomemos la iniciativa de aprender más acerca de nuestra fe y de la vida litúrgica de la Iglesia.

"Sin embargo la liturgia es la cumbre a la que la actividad del la Iglesia se dirige; al mismo tiempo es la fuente de la cual todo su poder fluye. Por el objetivo y el objeto de los trabajos apostólicos es que todos los que han venido a ser hijos de Dios por la fe y el bautismo, deben de venir y en unidad alabar a Dios en medio de Su Iglesia, para tomar parte del sacrificio, y comer la cena del Señor."

La liturgia en su momento mueve a los fieles,

llenos con "los sacramentos pascuales", a ser "uno en santidad"; reza que "puedan aferrarse en sus vidas a lo que han captado con su fe"; la renovación en la Eucaristía de el pacto entre el Señor y el hombre lleva al creyente al irresistible amor a Cristo y los prende en fuego. De la liturgia, por lo tanto, y especialmente de la Eucaristía, como de una fuente, la gracia es puesta sobre nosotros; y la santificación de los hombre en Cristo y la glorificación de Dios, a la cual todas las otras actividades de la Iglesia están dirigidas hacia el final, sea lograda de la manera mas eficaz.

Pero para que la liturgia pueda lograr producir sus efectos completos, es necesario que los fieles vengan con la propia mejor disposición, que sus mente estén entonadas con sus voces, y que ellos deben cooperar con la divina gracia para que no la hayan recibido en vano. Los Pastores de las almas por lo tanto tienen que darse cuenta de esto, cuando la liturgia es celebrada, algo más es requerido no solo los requerimientos que gobiernan la ley y celebración lícita; es su obligación también de asegurarse que los fieles tomen completamente parte y se den cuenta de lo que están haciendo, activamente comprometidos en el rito, y enriquecidos por sus efectos."

— SACROSANTUM CONCILIUM, 10 & 11

Como nuestra relación con Cristo debería ser la más importante relación de nuestras vidas; y ya que en la Misa es en donde más íntimamente experimentamos un encuentro con Él, por medio de la oración, escuchando Su Palabra, y consumiendo su carne glorificada; entonces atender y participar en la Misa es la cosa importante y significativa que podemos hacer en esta vida. Por favor no dejes que se convierta solo en una rutina de tu Domingo por la mañana.

6

APÉNDICE A

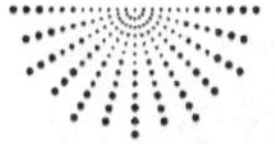

LA ORACION DEL SEÑOR

Cuál es la oración perfecta? En cualquier tiempo en que hables con Dios desde tu corazón y te mantengas en completo silencio para dejarlo que Él te hable, yo diría que es un buen comienzo.

Nosotros algunas veces se nos olvida que la oración no es una calle de un solo sentido, no le estamos dando a Dios una lista de tares por hacer y luego colgamos el teléfono. Tenemos que recordar que la oración no es una negociación con el enemigo, es una conversación en el contexto de una relación. Tenemos que acercarnos a Dios y conversar con Él y no al Él.

Pero qué sucede con esos momentos en que realmente no sabemos qué decirle, o hay algo que desearíamos expresar pero no encontramos las palabras correctas?

Para éstos casos y muchas otras situaciones, no puedo pensar en una mejor manera de orar que con la palabras que nuestro Salvador nos dio.

Algunas personas afirman que Cristo nos estaba dando sólo una idea de cómo orar, pero nunca intentó enseñarnos qué orar. Yo estoy de acuerdo que la Oración del Señor es mejor modelo de oración, pero no estoy de acuerdo de que Cristo no tuviese intención para nosotros de que usaramos Sus palabras cuando oráramos. En esta oración es la más completa perfecta oración , desde adoración, arrepentimiento, petición y alabanza.

La estructura y ritmo de el Padre Nuestro, o Oración del Señor, como algunas veces es llamada, es tan cerca de la perfección como jamás lo pudiese estar. Primero que todo, fue dictada a los Apóstoles, y por medio de la Sagrada Escritura a nosotros, de parte de el Hijo de Dios Mismo. Tambien, pone nuestras peticiones y alabanzas en una propia perspectiva y en orden. No inicia pidiendo cualquier cosa a Dios , inicia alabando Su Santo Nombre.

Todos nosotros hemos rezado ésta oración muchas veces, incluso cuando era niño en la iglesia Presbiteriana, era parte de la Liturgia, pero vamos a tomarnos un momento y veamos cada línea por símisma y estudiemos la oración perfecta de el Hijo de Dios.

Se ha reconocido que hay siete peticiones en la oración; tres son ordenadas hacia Dios, y cuatro hacia nosotros. Nosotros rezamos ésta oraciones como individuos, pero también la rezamos como pueblo unificado de Dios y le pedimos de parte de todos los creyentes de todos los lugares. Para reenforzar de que la cristiandad es un asunto familiar, y no uno individual, ésta oración es rezada en grupo, incluso si te encuentras solo en tu casa, tú la sigues rezando con todos aquellos que llamamos a Dios "Padre.

PADRE NUESTRO QUE ESTAS EN EL CIELO

Mientras no se cuenta como una de las siete peticiones de la oración, la manera en que es dirigida a un padre familiar, y no a uno que se encuentre lejos, a un Dios distante, establece el tono a la oración que viene.

"La invocación de Dios como "Padre" es conocida en muchas religiones. La divinidad es con frecuencia considerada como "padre de los dioses y de los hombres". En Israel, Dios es llamado Padre en cuanto Creador del mundo (Cf. *Dt* 32,6; *Ml* 2,10). Pues aún más, es Padre en razón de la Alianza y del don de la Ley a Israel, su "primogénito" (*Ex* 4,22). Es llamado también Padre del rey de Israel (cf. *2 S* 7,14). Es muy especialmente "el Padre de los pobres", del huérfano y de la viuda, que están bajo su protección amorosa (cf. *Sal* 68,6)."

— CCC 238

La imagen de Dios como Padre no era escuchada en tiempos de Jesús, los Judíos de Sus tiempos reconocían a Dios como el Padre y creador de todas las cosas. Tambien ellos lo veían como el Padre del pueblo de Israel. Pero la manera en que Jesús se refiere a Dios como Padre en todas Sus oraciones, y en todas Sus enseñanzas, realmente causó fricciones entre las autoridades de una manera equivocada. Ellos pensaron que Jesús estaba siendo demasiado familiar, y lejos demasiado informal con el Unico Dios Verdadero. Ellos también entendieron que si Dios era el padre de Jesús, eso convertía a Jesús igual que al Padre, y eso era inaceptable para ellos.

"Entonces, por esta causa, los Judíos aún más procuraban matar a Jesús, porque no sólo violaba el día de reposo, sino que también llamaba a Dios Su propio Padre, haciéndose igual a Dios."

— JUAN 5:18

Los Judíos tenían y todavía tienen hasta el día de hoy, una gran reverencia por Dios, tan grande que se reusaban a pronunciar Su nombre, excepto para las más solemnes ocasiones. Su relación con Dios era la de el Señor y el siervo, mientras que Jesús les estaba enseñando a sus Apóstoles de que se podía tener una relación como entre padre e hijo con el Dios viviente . Nosotros nos podemos acercar a Dios como un niño se acerca a su padre, sin formalidades, solo simple y con familiaridad.

Cuando nosotros decimos que Dios esta "en el cielo", no quiere decir que estamos diciendo que Dios esta limitado de alguna manera en particular a algún punto en el espacio, o incluso que el cielo por sí solo es una locación. Dios es omnipresente, quiere decir que El se encuentra en todas partes, pero San Agustín leía esta línea queriendo decir "en los corazones de los justos, como si estuviese en Su santo templo".

El cielo no es un reino físico, es una realidad espiritual. Entonces, para alcanzar a Dios con nuestras oraciones nosotros debemos entrar en ésta realidad espiritual, así como Jesús le dijo a la mujer Samaritana,

---

"Dios es espíritu, y los que Lo adoran deben adorar en espíritu y en verdad."

— (JUAN 4:24

Nosotros debemos alcanzarle no solo con palabras, pero con nuestro corazón y nuestra alma, y allí es donde conoceremos a Dios. En los corazones de los justos es en donde Dios "esta".

SANTIFICADO SEA TU NOMBRE

En esta línea estamos reconociendo la Santidad al Nombre de Dios. La palabra "santificado" no quiere decir de que nosotros estamos causando Su Nombre a ser Santo, sino que nosotros solamente reconociendo su santidad.

El nombre de Dios se debe tener en tan alta estima que no lo debemos decir sin un buen motivo. Nosotros debemos mantenerlo Santo y no decirlo en vano, así como Dios le dijo a Moisés en los Diez Mandamientos. (ÉXODO 20:7)

"Entre todas las palabras de la Revelación hay una, singular, que es la revelación de su Nombre. Dios confía su Nombre a los que creen en Él; se revela a ellos en su misterio personal. El don del Nombre pertenece al orden de la confidencia y la intimidad. "El nombre del Señor es santo". Por eso el hombre no puede usar mal de él. Lo debe guardar en la memoria en un silencio de adoración amorosa (cf *Za* 2, 17). No lo empleará en sus propias palabras, sino para bendecirlo, alabarlo y glorificarlo (cf *Sal* 29, 2; 96, 2; 113, 1-2)."

— CCC 2143

El pueblo de Israel , desde tiempos de la Antigüa Alianza, y los Judíos de estos tiempos, evitan decir el divino nombre, incluso durante lecturas litúrgicas de el Torah. Ellos reemplazaron el Tetragramatron (YHWH) con "Adonai" que quiere decir "Señor". Y manteniéndonos en esta tradición traslacional, en muchas biblias modernas usted encontrará "SEÑOR" sustituyendo en donde el Tetragramaton se encontraba en los manuscritos originales.

Esta es la manera en que ellos interpretaban en Segundo Mandamiento. No tomar el nombre de Dios en vano, queriendo decir no mencionarlo en todo momento. Esta no es la manera en que la Iglesia interpreta el Segundo Mandamiento, pero que con este acto de reverencia, nosotros podemos apreciar que tan seriamente ellos tomaron las palabras dichas a Moisés en el Monte Sinaí. Nosotros debemos de hacer el esfuerza de tratar el Nombre Santo de Dios con mucho respeto, y especialmente el nombre de Su Hijo. El nombre de Jesús el el "Nombre sobre todo nombre" (Filipenses 2:9), no debería ser dicho tan ligeramente como la sociedad lo utiliza en estos días y nunca debería ser usado como una profanación. El utilizar el nombre de Jesús de esa manera es una violación directa al Segundo Mandamiento y en la forma de blasfemia.

La primer petición en la Oración del Señor nos recuerda a todos éstos principios de una manera muy sencilla ; "Santificado Sea Tu Nombre"

VENGA TU REINO

La segunda petición nos tiene a nosotros orando por la venida del Reino de Dios.

"La entrada de Jesús en Jerusalén manifiesta la venida del Reino que el Rey-Mesías, recibido en su ciudad por los niños y por los humildes de corazón, va a llevar a cabo por la Pascua de su Muerte y de su Resurrección."

— CCC 570

Los dos Jesús y Juan el Bautista dijeron que " el reino de Dios está cerca" (Mateo 3:2 & Marcos 1"15). El Reino de Dios actualmente se encuentra en la Iglesia que Él estableció y y dejó en esta tierra para ser la luz de las naciones y un heraldo de el Evangelio. Este reino es la ciudad brillante sobre un monte (Mateo 5:14) que es un faro de salvación para todo el mundo.

Pero el Reino es también una futura realidad. Nosotros repetimos en el Credo cada Domingo , que Cristo vendrá para juzgar los vivos y los muertos, y es en ésta última venida de Cristo que É establecerá Su Reino con todo su esplendor por toda la eternidad.

Es ésta venida del Reino a la que todos nosotros esperamos, es en éste Reino en que Dios gobernará a Su pueblo por toda la eternidad. Al rezar esta petición, nosotros estamos diciendo, con todos los santos de toda la historia, " ven Señor" (Apocalipsis 22:17)

HAGASE TU VOLUNTAD EN LA TIERRA COMO EN EL CIELO

El buscar que se cumpla la voluntad de Dios debería ser siempre parte de nuestras oraciones. Debería de ser nuestro deseo más grande de hacer la voluntad de Dios, porque con la voluntad de Dios todo está bien, todo es justo, y todo es santo. Al conformarnos con Su perfecta voluntad, nosotros nos hacemos asímismos más santos, y la santidad personal es la meta de todos los Católicos. Estamos llamados a ser santos, y los santos hacen la voluntad de Dios.

"Por la oración, podemos "discernir cuál es la voluntad de Dios" (*Rm* 12, 2; *Ef* 5, 17) y obtener "constancia para cumplirla" (*Hb* 10, 36). Jesús nos enseña que se entra en el Reino de los cielos, no mediante palabras, sino "haciendo la voluntad de mi Padre que está en los cielos" (*Mt* 7, 21)."

— CCC 2826

Pero, qué tal ésta cláusula, "como en el cielo"? En el Cielo, estaremos completamente unidos con la voluntad de Dios, sin mas cargas por la conscupiscencia o las preocupaciones de este mundo , nosotros haremos su volundad sin preguntar y sin esperar o vacilar.

Al rezar hágase Tu voluntad "en la tierra como en el cielo", es escencialmente preguntar que estaremos más conformados a Su voluntad, así como los Santos en el Cielo. Que Su voluntad se llevará a cabo por sus siervos aquí en la tierra, como las órdenes de un rey que es llevado por sus más fieles soldados.

Nosotros no tenemos que esperar, no deberíamos esperar, hasta que estemos en el Cielo para conformarnos a la voluntad de Dios, y llevarla a cabo aquí en la tierra. Como miembros de la Iglesia Militante, nosotros somos los soldados fieles de Dios. Rezemos esta petición con todo nuestro corazón., y hagamos un esfuerzo por hacer la voluntad de Dios todo el tiempo.

Esta petición es manifestada en la Fiesta de Cristo Rey. La encíclica promulgada por el Papa Pío XI para establecer esta fiesta, resume en como Cristo está llamado a reinar como Rey soberano en la tierra así como Él ya lo es en el cielo.

Para verdaderamente rezar esta petición quiere decir que verdaderamente hemos sido enviados al reinado de Cristo, y no solamente metafóricamente , sino que en el sentido real. Quiere decir totalmente, completamente, y sin excusas, someterte asimismo a la voluntad y soberinanidad de Dios.

Que Cristo es Rey, lo dicen a cada paso las Sagradas Escrituras.

Así, le llaman el dominador que ha de nacer de la

estirpe de Jacob; el que por el Padre ha sido constituido Rey sobre el monte santo de Sión y recibirá las gentes en herencia y en posesión los confines de la tierra. El salmo nupcial, donde bajo la imagen y representación de un Rey muy opulento y muy poderoso se celebraba al que había de ser verdadero Rey de Israel, contiene estas frases: *El trono tuyo, ¡oh Dios!, permanece por los siglos de los siglos; el cetro de su reino es cetro de rectitud.* Y omitiendo otros muchos textos semejantes, en otro lugar, como para dibujar mejor los caracteres de Cristo, se predice que su reino no tendrá límites y estará enriquecido con los dones de la justicia y de la paz: *Florecerá en sus días la justicia y la abundancia de paz... y dominará de un mar a otro, y desde el uno hasta el otro extrema del orbe de la tierra.*

— QUAS PRIMAS, 7

DANOS HOY NUESTRO PAN DE CADA DIA

"Danos"

Por el bautismo somos adoptados hijos de Dios, y como Sus hijos tenemos el derecho de requerir de El nuestro sustento. Así como un niño vive de la comida que es preveida por su padre, entonces nosotros también sobrevivimos de la comida, en las dos especies física y espiritual, que se nos es dad por nuestro Padre del Cielo.

"De cada día"

Este es el reconocimiento de que cada día es un regalo de Dios y de que sobrevivimos en condiciones básicas por su divina benevolencia. El universo entero se mantiene en existencia por Su naturaleza de existencia, y por Su voluntad, cada día nosotros nos ocupamos de permitirnos confiar en Su gracia.

"Por nada estén afanosos; antes bien, en todo, mediante oración y súplica con acción de gracias, sean dadas a conocer sus peticiones delante de Dios."

— FILIPENSES 4:6

NUESTRO PAN DE CADA DIA

Probablemente interpretemos esto como " el sustento con el que sobrevivimos cada día" u otra variación de pedirle a Dios que provea por nuestras necesidades físicas. En el sentido literal del contexto, esta es una buena interpretación de lo que ha sido rezado. Necesitamos tener fe de que Dios suplirá todas nuestras necesidades, y de no preocuparnos por necesidades básicas de supervivencia, como el pan.

"Por eso les digo, no se preocupen por su vida, qué comerán o qué beberán; ni por su cuerpo, qué vestirán. ¿No es la vida más que el alimento y el cuerpo *más* que la ropa? Miren las aves del cielo, que no siembran, ni siegan, ni recogen en graneros, y *sin embargo*, el Padre celestial las alimenta. ¿No son ustedes de mucho más valor que ellas? ¿Quién de ustedes, por ansioso que esté, puede añadir una hora al curso de su vida?"

— MATEO 6: 25-27

Aunque este es el sentido literal del contexto, Yo no creo que deba ser como lo leemos y rezamos principalmente. No mucho tiempo atrás Jesús les había enseñado a sus discípulos esta oración, Él le había dicho a Satanás,

---

"Escrito está: 'No solo de pan vivira el hombre,

SINO DE TODA PALABRA QUE SALE DE LA BOCA DE
DIOS.'"

— MATEO 4:4

Jesús dijo "esta escrito" entonces, esto nos debe hacer mirar en dónde esta escrito, y cuál fue el contexto de ese párrafo.

El texto al que Jesús se esta refiriendo, viene a nosotros del Deuterenomio y allí, Moisés le esta recordando a el pueblo de Israel de todas las cosas que Dios ha hecho por ellos. Una de esas cosas es de que Él los ha alimentado con los dos, el Maná y con la Palabra que ha salido de Su boca.

"El te humilló, y te dejó tener hambre, y te alimentó con el maná que tú no conocías, ni tus padres habían conocido, para hacerte entender que el hombre no sólo vive de pan, sino que vive de todo lo que procede de la boca del SEÑOR."

— DEUTERENOMIO 8:3

El Maná fue el milagroso " pan que cayó del cielo", y es un

tipo de prefiguración de la Eucaristía.

"Sin embargo, dio órdenes a las nubes arriba,

Y abrió las puertas de los cielos;

Hizo llover sobre ellos maná para comer,

Y les dio comida del cielo.

Pan de ángeles comió el hombre;

Dios les mandó comida hasta saciarlos."

— SALMO 78: 23-25

Jesús le dice a los Judíos en Juan 6, que aunque sus padre comieron de este "pan de Angeles", así como lo llama el Salmista, de todos modos murieron. El pan que mantuvo a los Israelitas con vida por 40 años, a pesar de que milagrosamente era solo una sombra, un signo, de el verdadero Pan de Vida. Jesús es el Pan de Vida, y su Pan no muere, como el maná que no lo podían guardar para otro día, sino el que "permanece para la vida eterna" (Juan 6:27)

"Yo soy el pan de la vida. Los padres (antepasados)

de ustedes comieron el maná en el desierto, y murieron. Este es el pan que desciende del cielo, para que el que coma de él, no muera. Yo soy el pan vivo que descendió del cielo; si alguien come de este pan, vivirá para siempre; y el pan que Yo también daré por la vida del mundo es Mi carne."

— JUAN 6:48-51

Pero Moisés les dijo que no solamente era el pan por sí solo el que los sostenía en el desierto, era también "cada palabra que procedía de la boca del SEÑOR". Esta es otra pista en el mensaje tipológico de el Antigüo Testamento, una pista que lleva directamente a Jesús y a la Eucaristía.

Cómo es que Juan el Evangelista llamó a Jesús en la primer línea del prólogo de su Evangelio?

"En el principio *ya* existía el Verbo (la Palabra), y el Verbo estaba con Dios, y el Verbo era Dios."

— JUAN 1:1

Los Israelitas fueron sustanciados comiendo el "pan de los Angeles" y escuchando la Palabra de Dios, cuánto más nosotros que hemos sido bendecidos al poder consumir la Palabra de Dios, y el Pan de la Vida en el Santísimo Sacramento.

Esto por lo que estamos rezando en esta petición de la oración, estamos rezando para ser sustanciados por la Eucaristía y al comer Su Carne, y tomar Su Sangre, que nosotros seremos alimentados por Él hasta que Él nos lleve a casa.

Otra cosa interesante acerca de esta petición, es que contiene una palabra que no se encuentra en ningún otro lugar de la Escritura. Esta palabra es "Epiousios," y es usualmente traducida como "diariamente" en Ingles. Pero esto se queda realmente corto en lo que en realidad quiere decir. Es la conjunción de dos palabras del griego, epi = en lo alto o más allá, y ousia=substancia. Puestas juntas, la mejor forma de traducirla es "super-substancia" o "en lo alto-substancia", o "lo que esta en lo alto de la substancia normal del pan."

Ahora, mirando hacia atrás en algo mas que hemos descubierto acerca de esta petición en la oración, que más podría ser pan "super-substancia" que la Eucaristía?

"los Padres de la iglesia fueron prácticamente unánimes en entender la cuarta petición de el

Padre Nuestro (Oración del Señor) como una petición Eucarística."

— BENEDICTO XVI, JESUS DE NAZARETH

Y PERDONA NUESTRAS OFENSAS, ASI COMO NOSOTROS PERDONAMOS A LOS QUE NOS OFENDEN

La quinta petición es la única que trae una cláusula de contingencia. El ser perdonados por Dios, está directamente relacionado en nuestro perdón hacia otros. (CCC 2838 Esta petición es sorprendente. Si sólo comprendiera la primera parte de la frase, —"perdona nuestras ofensas"— podría estar incluida, implícitamente, en las tres primeras peticiones de la Oración del Señor, ya que el Sacrificio de Cristo es "para la remisión de los pecados". Pero, según el segundo miembro de la frase, nuestra petición no será escuchada si no hemos respondido antes a una exigencia. Nuestra petición se dirige al futuro, nuestra respuesta debe haberla precedido; una palabra las une: "como".)

Esta no es una sugerencia, es una unión de pacto, que depende de nuestro perdón. Si nosotros nos rehusamos a perdonar a otros, Dios se rehusará a perdonarnos. Es como el blanco y negro.

"Porque si ustedes perdonan a los hombres sus transgresiones (faltas, delitos), también su Padre celestial les perdonará a ustedes. Pero si no perdonan a los hombres, tampoco su Padre les perdonará a ustedes sus transgresiones (faltas, delitos)."

— MATEO 6:14-15

Estas palabras de Cristo inmediatamente siguen Sus enseñanzas a los discípulos en la Oración del Señor. El dice "si" ustedes perdonan, esto es porque el Señor conoce cuántos se rehusarán a perdonar a otros, y eso los excluye a ellos mismos de Su amoroso perdón. Así como el pecado "imperdonable" (Mateo 12:30-32) es como una impenitencia, y usted se excluye asimismo del pacto de Dios con toda la humanidad, así como también es para aquellos que se rehusan al perdón de Dios porque ellos prefieren continuar no perdonar a otros.

"Y cuando estén orando, perdonen si tienen algo contra alguien, para que también su Padre que está en los cielos les perdone a ustedes sus transgresiones."

(Tambien ver la parábola del siervo malo Mateo 18: 23-35)

NO NOS DEJES CAER EN TENTACION

En esta petición, le estamos pidiendo a Dios que no nos tiente con el pecado? Por supuesto que no. Dios no nos lleva a la tentación, cuando le rogamos que no lo haga. Aunque esa sea una idea equivocada en esta línea de la oración.

"Esta petición llega a la raíz de la anterior, porque nuestros pecados son los frutos del consentimiento a la tentación. Pedimos a nuestro Padre que no nos "deje caer" en ella. Traducir en una sola palabra el texto griego es difícil: significa "no permitas entrar en" (cf *Mt* 26, 41), "no nos dejes sucumbir a la tentación". "Dios ni es tentado por el mal ni tienta a nadie" (*St* 1, 13), al contrario, quiere librarnos del mal. Le pedimos que no nos deje tomar el camino que conduce al pecado, pues estamos empeñados en el combate "entre la carne y el Espíritu". Esta petición implora el Espíritu de discernimiento y de fuerza."

— CCC 2846

San Santiago lo deja muy claro y está referido en el párrafo anterior del catecismo, de que nunca somos tentados por Dios, y que si nos dejamos sucumbir a la tentación, nos lleva al pecado, y el pecado, al final nos lleva a la muerte.

"Que nadie diga cuando es tentado: "Soy tentado por Dios." Porque Dios no puede ser tentado por el mal y El mismo no tienta a nadie. Sino que cada uno es tentado cuando es llevado y seducido por su propia pasión. Después, cuando la pasión ha concebido, da a luz el pecado; y cuando el pecado es consumado, engendra la muerte."

— SANTIAGO 1:13-15

Esta petición está reconociendo de que un hijo de Dios debe de poner su vida en Su divina providencia de tal manera, que Él nos guíe en todo lo que hacemos, y a dondequiera que vayamos. Y también nos afirma que Él nos guiará a Su voluntad, y nosotros nos conformaremos con Su voluntad, para que así no caigamos en tentación que de no hacerlo la enfrentaríamos, si fuésemos detrás de nuestros propios deseos.

Se nos ha dado libre albedrío, y la decisión de rendirnos nosotros mismos a Dios, y a Sus planes, es enteramente gratis, pero es solamente por la gracia de Dios que podemos hacer semejante manera de abandonarnos nosotros mismos a la divina providencia.

El catecismo establece, que el rendirse a Su voluntad es actualmente una gran victoria, y una victoria que solo se puede lograr por medio de la oración (CCC 2849).

Ar rezar de que vamos a ser capaces de abandonarnos a Su voluntad, estamos nosotros mismos disminuyendo activamente para que El nos eleve. Así como Juan el Bautista afirmó, "Es necesario que El crezca, y que yo disminuya.". Juan 3:30, Así que podremos decir como San Pablo, "Con Cristo he sido crucificado, y ya no soy yo el que vive, sino que Cristo vive en mí;" . (Gálatas 2:20)

Probablemente nos encontremos en circunstancias difíciles, y probablemente seamos tentados a escoger el camino equivocado, pero por la gracia de Dios, le pedimos que nos tome de la mano, como los niños que somos, y nos guíe por sus caminos.

MAS LIBRANOS DEL MAL

Librarnos del mal, es el agente primordial; y es de lo que se trata escencialmente en el Evangelio. Somos liberados, por la vida, muerte y resurrección de Jesús, de los demonios que hemos escogido. Nosotros hemos nacido con el pecado original, pero también hemos escogido vivir en pecado a lo largo de nuestras vidas, y solamente por el sacrificio expiatorio es que somos librados.

Nuestro primeros padres fueron engañados por el demonio, y ellos fallaron en su amistad con Dios, Ahora en que tenemos una manera de restaurar esa amistad perdida e inocencia, nosotros le pedimos a Dios que nos proteja del mal para que no caigamos nuevamente.

"En esta petición, el mal no es una abstracción, sino que designa una persona, Satanás, el Maligno, el ángel que se opone a Dios. El "diablo" (*diá-bolos*) es aquél que "se atraviesa" en el designio de Dios y su obra de salvación cumplida en Cristo."

— CCC 2851

Al encontrarnos nosotros con Su voluntad, y pedir que seamos librados del mal, le estamos haciendo una petición al Señor que nos mantenga en estado de gracia, para que cuando podamos alcanzar el final en esta vida, lo podamos ver cara a cara, en el Reino celestial.

"Líbranos de todos los males, Señor, y concédenos la paz en nuestros días, para que, ayudados por tu misericordia, vivamos siempre libres de pecado y protegidos de toda perturbación, mientras esperamos la gloriosa venida de nuesyro Salvador Jesucristo."

— MISAL ROMANO, EMBOLISMO
DESPUES DE LA ORACION DEL SEÑOR

Cuando por primera vez escribí estono me había dado cuenta de que hay una sección completa en el catecismo dedicada a la Oración del Señor. Leer los párrafos del CCC 2803-2854 tambien lo pueden encontrar en http://www.vatican.va/archive/catechism_sp/p4s2a3_sp.html

7

APENDICE B

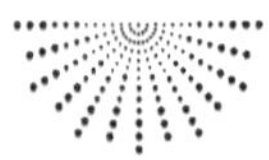

LAS CUATRO MARCAS DE LA IGLESIA

Nosotros lo decimos cada Domingo, cuando nos ponemos de pie para hacer nuestra profesión de fe, "Creo en una iglesia, santa, católica, y apostólica". Estas son las cuatro marcas de la Iglesia, fueron adheridas al credo Niceno en el Primer Concilio de Constantinopla en el año 381, pero sus principios se remotan ena los tiempos de los Apóstoles. Todos nosotros decimos estas palabras, pero ahora, cuántos de nosotros hemos parado y pensado en su significado?

"Esta es la única Iglesia de Cristo, de la que confesamos en el Credo que es una, santa, católica y apostólica" (LG 8). Estos cuatro atributos, inseparablemente unidos entre sí (cf. DS 2888), indican rasgos esenciales de la Iglesia y de su misión. La Iglesia no los tiene por ella misma; es Cristo, quien, por el Espíritu Santo, da a la Iglesia el ser una, santa, católica y apostólica, y Él es también quien la llama a ejercitar cada una de estas cualidades."

— CCC 811

UNA

(Ver CCC 813-822)

Jesús fundó una Iglesia, y ésta Iglesia fuá construida sobre Pedro,

---

"Yo también te digo que tú eres Pedro, y sobre esta roca edificaré Mi iglesia; y las Puertas del Hades (los poderes de la muerte) no prevalecerán contra ella. Yo te daré las llaves del reino de los cielos; y lo que ates en la tierra, será atado en los cielos; y lo que desates en la tierra, será desatado en los cielos."

— MATEO 16:18-19

La iglesia primitiva estaba unida en una misión, y a pesar de que tuvieron que pasar por diferencias culturales y lingüísticas, conformaban sólo una. Como San Pablo lo escribió en su carta a los Efesios, *"Hay* un solo cuerpo y un solo Espíritu, así como también ustedes fueron llamados en una misma esperanza de su vocación; un solo Señor, una sola fe, un solo bautismo, un solo Dios y Padre de todos, que está sobre todos, por todos y en todos." (EFESIOS 4:4-6) y en su carta a los Gálatas,

---

"No hay Judío ni Griego; no hay esclavo ni libre; no hay hombre ni mujer, porque todos son uno en Cristo Jesús."

— GALATAS 3:28

El tema de la unidad, lo vemos poderosamente a lo largo de las epístolas Paulinas. Al leer el Nuevo Testamento, viene a resultar muy obvio que a pesar de que las iglesias se encontraban separadas por la geografía, lenguaje y diversas culturas, todas formaban una sola Iglesia.

Esto viene a ser muy evidente cuando aparecieron las disputas entre Gentiles y Hebreos, Se convocó a un concilio en Jerusalén para solucionar el problema.

Grabado en Hechos 15, la iglesia de Jerusalén mandó una carta a Antioquía, una ciudad afuera de la Palestina Romana con unas 500 millas de distancia. El hecho de que en el concilio de Jerusalén dispuso en cómo los Judíos y los Gentiles deberían coexistir en armonía en Antioquía, muestra que tan unificada se encontraba toda la iglesia.

Jesús también rezó en el jardín de Getsemaní de que Su Iglesia fuese una,

---

"Pero no ruego sólo por éstos, sino también por los que han de creer en Mí por la palabra de ellos, para que todos sean uno. Como Tú, oh Padre, *estás* en Mí y Yo en Ti, que también ellos estén en Nosotros, para que el mundo crea que Tú Me enviaste."

— JUAN 17:20-21

DIVISIÓN EN EL CUERPO

La Cristiandad de éstos tiempos está definitivamente dividida en muchos lugares, y están perdiéndose de la unidad por la que cual Cristo oró. Hay alrededor de 2 billones de Cristianos en el mundo, 1.2 billones pertenecen a la Iglesia Católica, alrededor de 900 millones de Protestantes, 300 millones de la Iglesia Ortodoxa del Oriente, y millones de otras que no son fácilmente clasificados.

Si separamos cada grupo todavía se sigue dividiendo más, solamente en el Protestantismo se dice que hay alrededor de 35,000 diferentes denominaciones, la mayoría de las cuales no se encuentran en comunión unas con otras e incluso hay un ambiente hostil entre unas y otras.

Incluso en la comunidad ortodoxa, hay grandes divisiones, aunque las iglesias ortodoxas retienen un episcopado jerárquico, similar a la Iglesia Católica ellos están separados desde el Gran Sismo en 1054, no tienen unidad entre sus líderes. Cada iglesia outo independiente (Rusa ortodoxa, Griega ortodoxa, Rumana, Búlgara, etc.) tiene un obispo llamado patriarca, con el patriarca de Constantinopla siendo reconocido como "el primero entre los iguales", pero esto es más allá que un título honorífico y casi no tiene autoridad sobre los otros patriarcas.

La unidad de la Iglesia Católica

La falta de unidad, e incluso en una organización apostólica como la comunidad ortodoxa muestra la necesidad de la oficina Petrina (el Papado) sea integral para la unidad de la iglesia. Es el Papado el pegamento que une a todos los obispos de la Iglesia Católica en unidad, el Papa es la roca en la cual la iglesia ha sido edificada y la fundación de San Pedro fue el mismo Cristo.

Mucha gente se refiere a la Iglesia Católica como la Iglesia Católica Romana, pero la iglesia Occidental, algunas veces llamada la Iglesia Latina (en el cual el Ritual Romano es más largo), en contraste con la Iglesia Griega del Este, es solamente una de las 24 iglesias por la cual la Iglesia Católica esta formada. La Iglesia Latina es más extensa pero de ninguna manera "más Católica" que nuestros hermanos de las iglesias del Este. Es esta hermosa diversidad, que sigue manteniéndose en comunión una a otra, y forma Una Iglesia, que viene a ser el gran testigo de la unidad que ha perseverado en la Iglesia Católica.

Por casi 2000 años, a través de grandes pontífices, y más que algunos no muy buenos, la Iglesia ha sobrevivido las divisiones que han plagado las otras ramas de la Cristiandad quienes se separaron asi mismos de la fuerza unificadora del obispo de Roma.

Separadas pero siguen siendo una

A pesar de la animosidad histórica, sismas, herejías, y otros escándalos menores que han dividido a más de un billón de Cristianos de la iglesia que Cristo fundó, seguimos siendo una.

Así como decimos, en el Credo Niceno, "Creo en un solo bautismo," y San Pablo dice, "un Señor, una fe, un bautismo" (Efesios 4:5) esto quiere decir que no solamente puedes ser bautizado una vez, pero también es que hay un solo bautismo en el Señor, escencialmente hay validez en todos los Cristianos bautizados (con agua, y en el nombre de El Padre, El Hijo, y El Espíritu Santo) han sido bautizados en Cristo.

Probablemente tengamos las separaciones que se han venido dando, y podremos tener diferentes puntos de vista en escatología y eclesiología, pero todos nosotros somos miembros del Cuerpo de Cristo, algunas veces de manera imperfecta. Para utilizar la analogía de el cuerpo; aunque tu pie esté lastimado, sigue siendo parte tuya.

"El Bautismo constituye el fundamento de la comunión entre todos los cristianos, e incluso con los que todavía no están en plena comunión con la Iglesia católica: "Los que creen en Cristo y han recibido válidamente el Bautismo están en una cierta comunión, aunque no perfecta, con la Iglesia católica [...]. Justificados por la fe en el Bautismo, se han incorporado a Cristo; por tanto, con todo derecho se honran con el nombre de cristianos y son reconocidos con razón por los hijos de la Iglesia católica como hermanos del Señor". "Por consiguiente, el bautismo constituye un *vínculo sacramental de unidad,* vigente entre los que han sido regenerados por él."

— CCC 1271

Es por medio de nuestro bautismo común, que todos los Cristianos compartimos entre sí, sin importar que tan imperfectos, mostramos la unidad de la Iglesia. Entonces, cuando recemos el Credo Niceno y profesemos la unidad en nuestra fe, demos gracias a Dios por el don de la unidad, y rezemos por aquellos que todavía no están en comunión con nosotros, para que Dios repare todas las heridas que han separado a Sus hijos y peregrinos de esta tierra unos con otros.

SANTA

(Ver CCC 823-829)

La fuente de santidad

Debe de ser notado de que la fuente de santidad de la

Iglesia no son los miembros de la iglesia por si mismos, pero lo es Cristo, quien como la cabeza de la Iglesia es la fuente de su santidad.

San Pablo, en su carta a los Colosenses nos dice,

"El es también la cabeza del cuerpo *que es* la iglesia. El es el principio, el primogénito de entre los muertos, a fin de que El tenga en todo la primacía."

— COLOSENSES 1:18

La Iglesia fue fundada por Cristo, así como Él se lo dijo a San Pedro. " sobre esta roca Yo construiré Mi Iglesia..." (Mateo 16:18) como Cristo es el hombre sin pecado, y el Cordero que es llamado tres veces Santo en Apocalipsis, Su Cuerpo es también Santo. Así como sabemos que la Iglesia es el cuerpo de Cristo y que Él es la cabeza.

San Agustín también anota que nosotros somos el Cuerpo de Cristo y que Cristo es la cabeza (Col 1:8), el Espíritu Santo es el alma de la Iglesia.

El catecismo, toma una nota de San Agustín,

"*Quod est spiritus noster, id est anima nostra, ad*

membra nostra, hoc est Spiritus Sanctus ad membra Christi, ad corpus Christi, quod est Ecclesia ("Lo que nuestro espíritu, es decir, nuestra alma, es para nuestros miembros, eso mismo es el Espíritu Santo para los miembros de Cristo, para el Cuerpo de Cristo que es la Iglesia"; san Agustín, *Sermo* 268, 2). "A este Espíritu de Cristo, como a principio invisible, ha de atribuirse también el que todas las partes del cuerpo estén íntimamente unidas, tanto entre sí como con su excelsa Cabeza, puesto que está todo él en la Cabeza, todo en el Cuerpo, todo en cada uno de los miembros" (Pío XII: *Mystici Corporis*: DS 3808). El Espíritu Santo hace de la Iglesia "el Templo del Dios vivo" (*2 Co* 6, 16; cf. *1 Co* 3, 16-17; *Ef* 2,21):

«En efecto, es a la misma Iglesia, a la que ha sido confiado el "don de Dios" [...] Es en ella donde se ha depositado la comunión con Cristo, es decir, el Espíritu Santo, arras de la incorruptibilidad, confirmación de nuestra fe y escala de nuestra ascensión hacia Dios [...] Porque allí donde está la Iglesia, allí está también el Espíritu de Dios; y allí donde está el Espíritu de Dios, está la Iglesia y toda gracia» (San Ireneo de Lyon, *Adversus haereses*, 3, 24, 1)."

— CCC 797

Si Cristo es la cabeza, y el Espíritu Santo el alma, la proximidad de la Iglesia sería heredar ésta santidad. Justo con tocar a un leproso hacía a alguien impuro, aún así Jesús tocó a los leprosos y no se contaminaba de ellos; Él les transmitió Su justicia y santidad , así como también Él transmite su santidad y su justicia en Su Cuerpo que permanece aquí en la tierra.

Los miembros de La Iglesia No Pueden Pasar por alto Esta Marca..

Entonces, nosotros vemos que la Iglesia es Santa, no por las personas que constituyen sean santas por sí solas, pero en ocasiones a pesar de ellas. La Iglesia ha sido creada para la gente, y así como cualquier persona sabe, la humanidad es pecadora, pero nuestra naturaleza pecadora no mancha la naturaleza santa de la Iglesia, Así como los leprosos no contagiaron a Cristo, así nosotros tampoco.

Algunos pueden señalar menos que santos papas y obispos de siglos pasados pero así como los papas pecaminosos son prueba del carisma sobre la infalibilidad (incluso los papas malos no enseñaron herejía), así también prueban la santidad de la iglesia como institución

Reyes de Judá

Si usted considera que la Iglesia es el "Dios de Israel", (Gálatas 6:16) entonces la comparación entre la Iglesia y el Antigüo Testamento está muy lejana, de hecho es una comparación hecha por muchos padres de la Iglesia, teólogos, y profesores a lo largo de la historia en un amplia cobertura de temas.

Una línea paralela puede ser dibujada entre los descendientes reales del Rey David y la Iglesia. Dios le prometió que los descendientes del Rey David serían reyes de Israel por siempre, ésta promesa fué cumplida por Cristo al nacer del linaje del Rey Davis, y Poncio Pilato lo reconoció (aunque el lo haya dicho en un tono burlesco) Jesús como "El Rey de los Judíos".

Si usted analiza la historia de los Reyes de Israel, y después de que el pueblo fue dividido en dos, los Reyes de la región Norte de Israel y los del Sur del reinado de Judá, usted encontrará algunos reyes justos y algunos reyes injustos. Pero aún así Dios se permanecía con ellos para llamarlos a la santidad. Fallaban más que ser exitosos, pero Dios aún así mantenía Su Promesa a la Iglesia de que "las puertas del infierno no prevalecerán contra ella." (Mateo 16:18)

Les comparto una historia que alguna vez escuché en Radio Católica, que toca este tema de una manera humorosa:

"En la Edad media había un prominente Judío mercante que vivía en la ciudad de Paris. Un día se le acercó al arzobispo y le dijo que el deseaba convertirse al Catolicismo. El obispo le dio mucha alegría de que su viejo conocido haya abrazado la fe de Jesús y le ofreció bautizarlo en ese momento.

El mercante accedió a ser bautizado, pero con una condición, de que el primero viajaría a Roma para ver el trono de su iglesia a la que él estaba a punto de unirse. Ahora el obispo se molestó, seguramente el llegaría a Roma y vería la naturaleza decayente y hedonista de la ciudad e incluso el papado del papa Alejandro VI, un papa que era más conocido por su mal comportamiento y corrupción, entonces el trató de disuadirlo de esa idea, pero el Judío no se lo permitió.

Pasaron seis meses y el mercante finalmente regresó, y como él lo había dicho, pidió ser bautizado. El obispo estaba muy asombrado y le dijo, " Fuiste a Roma e hiciste negocios con el Vaticano y todavía quieres hacerte Católico?"

El mercante respondió, " Mira, Yo soy un hombre de negocios practico, y una cosa que yo sé es esta: cualquier organización que haya manejado sus negocios tan corruptos como ésta , no hubiese durado ni siquiera 15 días después de la resurrección, y ya lleva 1500 años. Es un milagro y Dios realmente está con ustedes, y yo quiero estar allí!!"

El punto al que él estaba llegando es que sin importar su incompetencia, y hombres pecadores, que algunas veces se encuentras en las sillas del poder, era Dios el que siempre estaba en control, y ya que Él es Santo, también lo es Su Iglesia.

NUESTRO LLAMADO PERSONAL A LA SANTIDAD

Pensar que la Iglesia es Santa a pesar de los hombre y mujeres que la han formado, no hace menos nuestro propio llamado a la santidad. San Pedro citó lo que Dios le dijo al pueblo de Israel (Lev. 20:27) en su primer epístola cuando él dijo,

"Como hijos obedientes, no se conformen a los deseos que antes *tenían* en su ignorancia, sino que así como Aquél que los llamó es Santo, así también sean ustedes santos en toda *su* manera de vivir. Porque escrito está: "SEAN SANTOS, PORQUE YO SOY SANTO."

— 1 PEDRO 1:14-16

Es imposible ser santo, y dentro de nosotros mismos, porque todos somos pecadores y nos hemos apartado de Dios y de Su santidad, nosotros no podemos ser contados como justos (Romanos 3:30). Pero Dios nos da Sus gracias, especialmente en una recepción frecuente con los sacramentos, y por medio de Su Gracia podemos llegar a ser partícipes de la Vida Divina y co-herederos a la vida eterna con Dios.

"Pues Su divino poder nos ha concedido todo cuanto concierne a la vida y a la piedad, mediante el verdadero conocimiento de Aquél que nos llamó por[a] Su gloria y excelencia[b]. 4 Por ellas El nos ha concedido Sus preciosas y maravillosas promesas, a fin de que ustedes lleguen a ser partícipes de *la* naturaleza divina, habiendo escapado de la corrupción que hay en el mundo por *causa de los* malos deseos."

— 2 PEDRO 1:3-4

Creer en la Iglesia

Si usted pone atención en la estructura de el Credo Niceno, notará que profesa la fé en el Padre, El Hijo , la Encarnación, la pasión de Cristo, el Espíritu Santo, y en la Cuatro Marcas de la Iglesia.

Puede resultar extraño, que a primera vista profesamos nuestra creencia en las tres Personas de la Santísima Trinidad, e instituyendo en el mismo credo. Pero yo creo que es la santidad integral de la Iglesia, y la asistencia de esta santidad que se nos provee para que nosotros alcancemos nuestro llamado personal a la santidad, como las Cuatro Marcas de la Iglesia que son profesadas durante el credo.

Es la Iglesia visible la que Cristo fundó; una, santa, católica, y apostólica que ayuda a su cuerpo a caminar por el sendero que nos lleva a un puente estrecho.

CATOLICO

(Ver CCC 830-835)

Una de las cosas que pasan desapercibidas por la mayoría de la gente es el hecho de que la palabra "católica" en el credo está escrita con letra minúscula.

Esto es así porque cuando decimos de que nosotros creemos que la iglesia es católica, nosotros no estamos dando lealtad a nuestra iglesia organizacional. Después de todo, cuando el credo fue escrito al final del 4 siglo, había solamente una iglesia, entonces no había motivo para adherir una promesa de alianza a una iglesia en particular.

La palabra "católica", quiere decir universal, y tiene antecedentes desde el Concilio de Nicea por algunos siglos cuando era usado como un adjetivo para describir l Verdadera Iglesia de San Ignacio de Antioquía. Esta universalidad es la que afirmamos en el Credo Niceno, nos esta diciendo de la la Iglesia es para toda la humanidad y en todo lugar. Entonces, "católico" con c minúscula, es el adjetivo para describir la iglesia y no un nombre.

No es un promesa de alianza religiosa

Cuando yo era un niño en la escuela parroquial, íbamos a

Misa y yo recitaba el Credo Niceno junto con el resto de mis compañeros, pero yo omitía la palabra "católica" pensando en alguna clase de adoctrinamiento Papal. Yo era un pequeño Presbiteriano y no me dejaría ser engañado en una promesa de alianza a el Papa tan fácilmente.. O h, y qué equivocado estaba. No solamente estaba equivocado con el significado de esa particular parte del credo, sino que también de hecho haría una promesa de alianza a la Iglesia Católica en la vigilia de Pascua en el 2016.

Raíces de una Iglesia llamada Católica

La única Iglesia fundada por Cristo ha sido conocida como "La Iglesia Católica" por lo menos desde los años 107 DC cuando fue llamada de esta manera por San Ignacio de Antioquía en su carta a los Esmyrnenses, pero el título fue mencionado de paso como si el lector ya fuese familiar con el nombre, entonces podría asegurar que ya se utilizaba tiempo atrás.

San Irineo también llamó a la iglesia Católica, en su obra En Contra de la Herejía. En éstas dos ocasiones, "católica" era utilizada para describir a la iglesia y no el nombre de la iglesia. Recuerde que hasta el gran sismo del este y oeste en 1054, había solamente "La Iglesia" y herejes. El concepto denominaciones estaba solamente a 1000 años de distancia, y todavía faltaban 700 años para la separación del los Cristianos del este y oeste.

Todos los Cristianos bautizados (algunos con el título imperfecto) son parte de esta única iglesia universal. Fundada por Cristo, hecha santa por medio de Él como su cabeza y construida con testigos y testimonios de Sus apóstoles.

"Pues todos ustedes son hijos de Dios mediante la fe en Cristo Jesús. Porque todos los que fueron bautizados en Cristo, de Cristo se han revestido. No hay Judío ni Griego; no hay esclavo ni libre; no hay hombre ni mujer, porque todos son uno en Cristo Jesús."

— GALATAS 3:26-28

"La Iglesia se siente unida por muchas razones con todos los que se honran con el nombre de cristianos a causa del bautismo, aunque no profesan la fe en su integridad o no conserven la unidad de la comunión bajo el sucesor de Pedro" "Los que creen en Cristo y han recibido ritualmente el bautismo están en una cierta comunión, aunque no perfecta, con la Iglesia católica". *Con las Iglesias ortodoxas, esta comunión es* tan profunda "que le falta muy poco para que alcance la plenitud que haría posible una celebración común de la Eucaristía del Señor" (Pablo VI, Homilía del 14 de diciembre de 1975 en la Capilla Sixtina).

— CCC 838

Universalidad es el llamado para el Gran Misión

La Iglesia es universal en su llamado a llegar a todas personas. Al final de la misión de Cristo aquí en la tierra, Él dejó a los apóstoles con lo que es ahora llamada La Gran Misión.

"Vayan, pues, y hagan discípulos de todas las naciones, bautizándolos en el nombre del Padre y del Hijo y del Espíritu Santo, enseñándoles a guardar todo lo que les he mandado; y recuerden (he aquí)! Yo estoy con ustedes todos los días, hasta el fin del mundo."

— MATEO 28:19-20

El pensamiento prevalecedor del pueblo Judío en el

tiempo de Cristo, fue de que el mesías establecería un reinado terrenal de Judíos, para los Judíos, y por los Judíos, pero Jesús le dijo a sus discípulos que Él vino por todo el mundo (Juan 3:16).

El pueblo Judíos fue el vehículo que trajo a el mesías al mundo, pero el llamado a la salvación no está limitado solamente a ellos. Jesús deja esto claro a la mujer en el pozo en Juan 4, Él le dice que la salvación es para los Judíos, pero vendrán tiempos cuando el hombre (y la mujer) adorarán a Dios, sin basarse en el lugar donde vivan y de tu etnia, pero que ellos lo adorarán en espíritu y en verdad.

Es un llamado universal a la salvación, y usted encontrará que esto se vive en la Iglesia de hoy. En cada esquina del mundo usted encontrará personas adorando a Dios en espíritu y en verdad, en comunión con el sucesor de San Pedro, y en la Unica Iglesia que Cristo construyó (Mateo 16:18).

También encontramos evidencia de éste llamado universal a la salvación en Hechos capítulo 2 cuando los apóstoles hablaron a todos los presentes en su propia lengua, y San Pedro les dijo que esta oferta de salvación era para todos.

"Porque la promesa es para ustedes y *para* sus

hijos y para todos los que están lejos, *para* tantos como el Señor nuestro Dios llame."

— HECHOS 2:39

"Para todos los que están lejos" en griego sería "tois eis markan" y no se refiere a aquellos alejados en tiempo, sino en gran distancia.

Markan literalmente se traduce como "gran distancia". Éstos marcados, o aquellos a gran distancia, son las personas que se encuentran en cada esquina del mundo.

Variedad en la Iglesia

Cuando la gente piensa sobre la Iglesia Católica, ellos piensa en la Iglesia Católica Romana, pero esto algo así como un nombre equivocado. El Rito Romano de la Iglesia Católica es solamente uno de los muchos ritos en la Iglesia Católica.

La mayoría de los católicos en el mundo son miembros de la Iglesia Latina, y del rito Romano en particular, pero hay 23 iglesias particulares que son tan católicas como los Católicos Latinos. Estas iglesias son llamadas como Iglesias Católicas Orientales, para no ser confundidos con Ortodoxos Orientales. Los Católicos Orientales están en unión con el Papa y están en comunión con el magisterio (las enseñanzas) en todos los aspectos de la fé y moralidad, ellos solamente tienen diferentes liturgias, teología, y costumbres en su Iglesias.

El Papa San Juan Pablo II, en su encíclica Ut Unum Sint, llama a las iglesias de oriente y occidente "los dos pulmones de la iglesia". La importancia de las Iglesias Católicas de Oriente no debería perderse en los Romanos Católicos; es para todos la evidencia de ver que esta iglesia, a la que llamamos correctamente católica, es verdaderamente la iglesia universal que Cristo intentó que fuese.

APOSTOLICA

(Ver CCC 857-866)

Qué quiere decir Apostólica?

Éste puede ser el más grande malentendido de las cuatro marcas previas. Qué quiere decir al decir que la Iglesia es Apostólica? Como lo vemos en Catecismo (CCC857), Apostólica significa "de los Apóstoles" y es utilizada en en tres sentidos por la Iglesia.

1. La Iglesia fue fundada en los Apóstoles

Jesús tuvo muchos discípulos (discípulo viene de la palabra griega de alumno o estudiante), Él tuvo por lo menos 70 en dado momento (Lucas 10:1), pero Él solamente tuvo 12 Apóstoles.

El número doce es muy importante aquí también, no fue por accidente que Jesús escogiera 12 hombres. Hubo 12 hijos de Jacob (Génesis 49) quienes vinieron a ser las 12 tribus de Israel. También hubo 12 jueces de Israel (Jueces), antes de que el pueblo le rogara a Dios por un rey. También hay 13 puente en la Nueva Jerusalén, y entonces también las 12 piedras de fundación de la ciudad en las cuales están escritos los nombres de los 12 Apóstoles.

"Tenía un muro grande y alto con doce puertas, y en las puertas doce ángeles, y en las puertas *estaban* escritos *los nombres* de las doce tribus de los hijos de Israel. *Había* tres puertas al este, tres puertas al norte, tres puertas al sur, y tres puertas al oeste. El muro de la ciudad tenía doce cimientos, y en ellos *estaban* los doce nombres de los doce apóstoles del Cordero."

— APOCALIPSIS 21: 12-14

San Pablo escribió que la iglesia está "construida sobre la fundación de los apóstoles y profetas," y notemos que

Jesús es Él mismo "la piedra angular" de su Iglesia. (Efesios 2:20)

Qué fundamental fueron/son los Apóstoles en el reino del cielo para que la Jerusalén celestial esté construida sobre ellos?

Entonces, cuál es la diferencia entre los dos? Un discípulo es un estudiante, pero un Apóstol significa "el que fue enviado". Los Apóstoles fueron los que vinieron a formar el círculo interior de Cristo, y los que Él envió a La Gran Misión.

Solamente había 12 de éstos Apóstoles, 11 para la Gran Misión por motivo del suicidio de Judas. Jesús le dice a los 11 allí reunidos,

---

"Vayan, pues, y hagan discípulos de todas las naciones, bautizándolos en el nombre del Padre y del Hijo y del Espíritu Santo, enseñándoles a guardar todo lo que les he mandado; y recuerden (he aquí)! Yo estoy con ustedes todos los días, hasta el fin del mundo."

— MATEO 28:19-20

Esta misión contiene tres elementos:

1. Ellos fueron enviados a todas las naciones, cumpliendo con el llamado universal a la salvación, y cumpliendo con la promesa hecha a Abraham (Génesis 22:18) de que todas las naciones serían bendecida. (Todos los Apóstoles eran Judíos, y por lo tanto descendientes de Abraham)

2. Ellos bautizarían a aquellos que se convirtieran. Siendo el Bautismo el sacramento que abre las puertas a las gracias de Dios, y a la vida divina. (1ª Pedro 3:210

3. Ellos debían enseñar "todo lo que les he mandado". Esta es la autoridad magisterial de los obispos para enseñar la Iglesia en temas de fé y moralidad. Esta autoridad de enseñanza es infalible cuando es promulgada en un concilio ecuménico o cuando el obispo de Roma (el Papa) enseña ex cátedra.

El poder y autoridad invertida en los Apóstoles

En Mateo 18:18, Jesús le dió a los Apóstoles el poder y autoridad atar y desatar los pecados, ésta autoridad fue reenforzada por el Jesús Resucitado en el Evangelio de San Juan (Juan 20:21-23), cuando el reafirmó su autoridad sobre el pecado.

Los Apóstoles recibieron poderes que no fueron dados al

resto de los discípulos de Jesús, otro de éstos poderes fue la habilidad de escoger a sus sucesores. (Tercer párrafo CCC 857)

Uno de los elementos más importantes de la autoridad de los Apóstoles, fue su autoridad para enseñar. Ésta enseñanza es conocida como el magisterio de la Iglesia (del latín maestro "magister"), ésta autoridad de enseñanza es pasada en la forma de la Tradición Apostólica. Y eso nos conduce al segundo significado de la palabra Apostólica.

1. La autoridad de enseñanza de los Apóstoles

El segundo sentido de la palabra Apostólica, usada en el CCC 857, es la autoridad de enseñanza de la Iglesia. Ésta autoridad, también llamada magisterio, fue practicada por los Apóstoles, y es practicada en éstos días por los obispos de la Iglesia.

Este "depósito de fé", como lo llama el catecismo, también es conocido como Tradición Apostólica. Ésta tradición es diferente de las tradiciones culturales o familiares, y ésta fue entregada a la Iglesia por Cristo y dada a los Apóstoles, quienes a su vez la fueron pasando a las iglesias que ellos establecían.

Quién fue primero, la Biblia o la Iglesia?

Lo que usted tiene que entender es que la Cristiandad no

es una "religión de el libro", la Iglesia no vino de la Biblia; la Biblia vino de la Iglesia. La vasta mayoría de el Nuevo Testamento está compuesta por cartas a las varias iglesias, por su existencia prueba que las iglesias ya existían y funcionaban antes de que el Nuevo Testamento fuese escrito.

Jesús no escribió nada, a excepción por los garabatos que hizo en la arena (Juan8:6), y ni siquiera sabemos lo que decían. Él tampoco instruyó a sus seguidores a que escribieran nada. Él les dijo que "instruyeran" y "enseñaran", pero nunca que escribieran (excepto por la visión dada a San Juan en la isla de Patmos que es descrita a lo largo del libro del Apocalipsis).

Cuando alguno de los escritores de el Nuevo Testamento se refiere a "las Escrituras", él se refiere a la Biblia Hebrea (o a lo que ahora llamamos Antigüo Testamento). Los Berenianos "buscaban en las escrituras" (Hechos 17:11) para comprobar si el mensaje de el Evangelio configuraba con la Palabra de Dios. Considerando que esto sucedió en las primeras décadas de la edad de la Iglesia, ellos no buscaban a través de las cartas Paulinas.

La Iglesia precede a la Biblia y es llamada "el pilar y valuarte de la verdad", por la Biblia misma (1ª Timoteo 3:15). La Biblia es la inspirada Palabra de Dios, pero separada de las enseñanzas de la Tradición Apostólica, puede ser retorcida y significar lo que el lector quiere. Este retorcimiento de las escrituras es evidente en las miles de denominaciones Protestantes que todas piensan que la Biblia sostiene sus modos particulares de doctrinas y creencias. No todos pueden estar correctos.

Las tradiciones de San Pablo

San Pablo le dijo a los Corintios que mantuviesen las tradiciones que él les había enseñado;

"Los alabo porque en todo se acuerdan de mí y guardan las tradiciones con firmeza, tal como yo se las entregué."

— 1 CORINTIOS 11:2

Después él les habla a los Tesalonisenses acerca de la importancia de la Tradición: "Así que, hermanos, estén firmes y conserven (retengan) las doctrinas que les fueron enseñadas, ya de palabra, ya por carta nuestra." (2ª Tesalonisenses 2:15) y "Ahora bien, hermanos, les mandamos en el nombre de nuestro Señor Jesucristo, que se aparten de todo hermano que ande desordenadamente, y no según la doctrina que ustedes recibieron de nosotros." (2ª Tesalonisesnses 3:6)

Porqué era tan importante adherir la Tradición para San

pablo? Éstas cartas fueron escritas 10-15 años antes de que el primer Evangelio fuese escrito (el Evangelio de Marcos posiblemente fue escrito al terminar los años 60 DC). Él estaba pasando las enseñanzas de Cristo de forma oral, y luego escribiendo cartas de regreso a éstas iglesias para recordarles de lo que él les había instruido.

Importancia de la Tradición Apostólica

La Tradición Apera extremadamente importante en la Iglesia primitiva, y todavía lo es en el día de hoy. En los primeros siglos de la Cristiandad parecía aparecer una nueva herejía cada año y la protección de las enseñanzas de los Apóstoles, por la sucesión de los obispos, es lo que mantuvo a la Iglesia en el camino correcto.

Recordemos que las iglesias locales probablemente tenían copias de las cartas, o algún Evangelio o dos, pero la mayoría de las iglesias no tenían un cánon completo de todos los 72 libros que forman la Biblia por lo menos hasta el término del siglo 4.

Para confrontar éstas herejías, San Irineo escribió Contra la Herejía que apoyaba fuertemente la tradición apostólica:

"En este orden, y por esta sucesión, la tradición eclesiástica de los apóstoles y la predicación de la verdad nos han llegado. Y esta es la prueba más abundante de que existe una misma fe vivificadora, que ha sido preservada en la iglesia de los apóstoles hasta ahora y entregada en verdad."

— CONTRA HEREJIAS, LIBRO III,

CAPITULO 3, P. 111

San Irineo, se encontraba tratando de convencer a un amigo que había caído en el Gnosticismo, quienes clamaban tener "conocimiento secreto" que los gnósticos pensaban venía de Cristo, que si realmente hubiesen sido Sus enseñanzas, seguramente Él se las habría pasado a sus Apóstoles quienes a su vez las habrían pasado a sus sucesores. Como San Irineo, y su amigo, los dos fueron instruidos por San Policarpio, él recurrió a las enseñanzas de Policarpio (quien a su vez había sido nombrado obispo de Smyrna por el Apóstol San Juan). Aclarando que éstas herejías no fueron enseñadas por Policarpio, quien fue enseñado por Juan, quien fue enseñado por Jesús. Viene a ser una cadena moderna de evidencia, en la usted conoce cada paso de la cadena y por quien fue enseñada. Es por lo que al conservar ésta cadena de enseñanzas es que nosotros sabemos de la autenticidad de éstas enseñanzas.

Esto nos lleva al último significado de la palabra

Apostólica.

1. Sucesión Apostólica; desde San Pedro hasta el
   Papa Francisco

La Sucesión Apostólica es la manera en que los apóstoles pasaron su autoridad a los sucesores que ellos han escogido, y ellos hicieron lo mismo, y continuando de esa manera hasta el día de hoy.

La primera institución que vemos dem una Sucesión Apostólica, esta en el libro de los Hechos cuando los apóstoles se reunieron y seleccionaron al sucesor de Judas. San Pedro se puso de pie, citando los salmos, el hizo el llamado a los 11 restantes para seleccionar a un hombre para tomar el "lugar" que una vez fue ocupado por Judas,

---

"Pues en el Libro de los Salmos está escrito: "QUE SEA HECHA DESIERTA SU MORADA,

Y NO HAYA QUIEN HABITE EN ELLA; Y: QUE OTRO TOME SU CARGO."

Presentaron a dos: a José, llamado Barsabás, al que también llamaban Justo, y a Matías. Después de orar, dijeron: "Tú, Señor, que conoces el corazón de todos, muéstranos a cuál de estos dos has escogido para ocupar (tomar el lugar de) este ministerio y apostolado, del cual Judas se desvió para irse al lugar que le correspondía." Echaron[suertes y la suerte cayó sobre Matías, y fue contado (escogido) con los once apóstoles."

— HECHOS 1:20, 23-26

San pedro deja claro de que hay una diferencia entre Apóstoles y discípulos. Había 120 seguidores de Cristo en el cuarto de arriba, y había por lo menos dos que lo habían venido siguiendo a Él desde el bautizo en el Jordán (Juan1:29-34), pero incluso éstos dos no eran considerados Apóstoles. Entonces ellos oraron y seleccionaron a Matías como el sucesor de Judas.

Estableciendo iglesias

A donde los Apóstoles iban ellos establecían iglesias y enseñaban a la gente todo lo que Cristo les había comandado. Cuando ellos se movían a el siguiente pueblo, ellos designaban a un capataz, u obispo, para que fuese líder de esa iglesia local.

San Pablo personalmente nombró a Tito como el obispo de Creta y a Timoteo obispo de Éfeso, la ordenación de

Timoteo es incluso nombrada por San Pablo en sus cartas a Timoteo,

> "Por lo cual te recuerdo que avives el *fuego del* don de Dios que hay en ti por la imposición de mis manos."
>
> (1 Timoteo 4:14) No descuides el don espiritual que está en ti, que te fue conferido por medio de la profecía con la imposición de manos del presbiterio."
>
> — 2 TIMOTEO 1:6

El Papa San Clemente I, en su carta a Los Corintios, les recordaba acerca de la importancia de la oficina episcopal, y de la sucesión Apostólica que formaba esa oficina con obispos válidos, quienes estaban llamados a liderear y guíar el rebaño en nombre de el Buen Pastor que los estableció,

> "Los apóstoles nos han predicado el evangelio del Señor Jesucristo; Jesucristo [los ha hecho] de Dios. Por lo tanto, Cristo fue enviado por Dios, y los apóstoles por Cristo. Ambas citas, entonces, se

hicieron de manera ordenada, de acuerdo con la voluntad de Dios. Por lo tanto, habiendo recibido sus órdenes y estando completamente seguros por la resurrección de nuestro Señor Jesucristo, y establecidos en la palabra de Dios, con plena seguridad del Espíritu Santo, salieron proclamando que el reino de Dios estaba cerca. Y así, predicando a través de países y ciudades, nombraron los primeros frutos [de sus labores], habiéndolos probado por primera vez por el Espíritu, para ser obispos y diáconos de aquellos que luego deberían creer. Tampoco era algo nuevo, ya que, de hecho, muchas eras antes de que se escribiera sobre obispos y diáconos. Porque así dice la Escritura en cierto lugar, nombraré a sus obispos en justicia, y a sus diáconos en fe."

— CARTA A LOS CORINTIOS, CAPITULO 42

Y así continúa diciéndoles en cómo los apóstoles estaban dispuestos a seleccionar nuevos obispos después de morir, para que de esa manera las Iglesias siempre tuviesen líderes y pastores sobre ellos,

---

"Nuestros apóstoles también sabían, a través de

nuestro Señor Jesucristo, que habría conflictos por el oficio del episcopado. Por esta razón, por lo tanto, en la medida en que obtuvieron un conocimiento previo perfecto de esto, nombraron a esos [ministros] ya mencionados, y luego dieron instrucciones, de que cuando estos se durmieran, otros hombres aprobados deberían sucederles en su ministerio."

— CARTA A LOS CORINTIOS, CAPITULO 44

Luchando la herejía

Así como Irineo apoyaba la Sucesión Apostólica para comprobar la enseñanza de la Iglesia, más tarde los teólogos harían lo mismo a través de los siglos. El hecho de que algunos teólogos modernos enseñan doctrinas que serían extrañas para los Apóstoles es suficiente para no tomarlas en cuenta y mantenernos unidos a el Depósito de Fe. Éste seguimiento a la Iglesia primitiva es una de las cosas que más me ha marcado en mi camino hacia el Catolicismo, porque cuando lees a los primeros Padre de la Iglesia solamente puedes llegar a una conclusión; todos ellos eran Católicos.

Tertuliano sabía del valor de la Sucesión Apostólica para preservar la fé verdadera, y él escribió que los herejes en sus días eran incapaces de comprobar su genealogía, a diferencia de los obispos ordenados de sus tiempos,

---

Dejen que exhiban los orígenes de sus iglesias, dejen quedesenrollen la lista de sus obispos, bajando desde el principio por sucesión de tal manera que su primer obispo tuvo para su creador y predecesor uno de los apóstoles o hombres apostólicos; uno, quiero decir, que continuó con los apóstoles. Para esto así es como las iglesias apostólicas registran sus orígenes. La iglesia de Esmirna, por ejemplo, informa que Policarpo fue colocado allí por Juan, la iglesia de Roma que Clemente era ordenado por Pedro. De la misma manera que las otras iglesias hombres producidos que fueron designados para el cargo de obispo por apóstoles y así les transmitieron la semilla apostólica.

— LA RECETA EN CONTRA LA HEREJIA,
CAPITULO 32

Esto todavía sucede el día de hoy

Incluso en este día, la Sucesión Apostólica todavía se encuentra con nosotros. Cada obispo, en la Iglesia de hoy, puede trazar su linaje episcopal hacia atrás al menos 400-500 años a pesar de que la línea de obispos continúa todo el tiempo hasta llegar a los mismos Apóstoles (hay muy malos archivos en tiempos de la Edad media).

Es por medio que ésta línea que no se rompe, que se extiende por casi 2000 años, que nos da extra seguridad en el depósito de fé que fue transmitido de un obispo a otro. Solo reflexione por un momento; su obispo es descendiente de los mismos Apóstoles y tiene las mismas enseñanzas y autoridad disciplinaria que ellos tuvieron por la virtud de su Sucesión Apostólica.

(Adaptado de las series de publicaciones de mi página de internet , NowThatImCatholic.com)

SIN TÍTULO

Bibliography

Catholic Church. *"Catechism of the Catholic Church."* 2nd ed. Vatican: Libreria Editrice Vaticana, 2012.

Catholic Church. *"General Instruction of the Roman Missal."* Washington, DC: United States Conference of Catholic Bishops, 2010 http://www.usccb.org/prayer-and-worship/the-mass/general-instruction-of-the-roman-missal/index.cfm

Catholic Church. *"The Roman Missal"*. Translated by The International Commission on English in the Liturgy. 3rd ed. Washington D.C.: United States Catholic Conference of Bishops. 2011.

Benedict XVI. *"Jesus of Nazareth"*. United States. Ignatius Press, 2011.

Benedict XVI. *"Sacramentum Caritatis"* Vatican, Libreria Editrice Vaticana, 2007

http://w2.vatican.va/content/benedict-xvi/en/apost_exhortations/documents/hf_ben-xvi_exh_20070222_sacramentum-caritatis.html

Paul VI. *"Sacrosanctum Concilium."* Vatican, Libreria Editrice Vaticana, 1963 www.vatican.va/archive/hist_councils/ii_vatican_council/documents/vat-ii_const_19631204_sacrosanctum-concilium_en.html.

Paul VI. *"Dei Verbum."* Vatican, Libreria Editrice Vaticana, 1965

http://www.vatican.va/archive/hist_councils/ii_vatican_council/documents/vat-ii_const_19651118_dei-verbum_en.html

Pius XII. *"Mediator Dei."* Vatican, Libreria Editrice Vaticana, 1947

http://w2.vatican.va/content/pius-xii/en/encyclicals/documents/hf_p-xii_enc_20111947_mediator-dei.html

Pius XI. "*Quas Primas.*" Vatican, Libreria Editrice Vaticana, 1925

http://w2.vatican.va/content/pius-xi/en/encyclicals/documents/hf_p-xi_enc_11121925_quas-primas.html

John Paul II. "*Ut Unum Sint.*" Vatican, Libreria Editrice Vaticana, 1995 http://w2.vatican.va/content/john-paul-ii/en/encyclicals/documents/hf_jp-ii_enc_25051995_ut-unum-sint.html

The Summa Theologiæ of St. Thomas Aquinas

Second and Revised Edition, 1920

Literally translated by Fathers of the English Dominican Province

Online Edition Copyright © 2017 by Kevin Knight

Irenaeus. "*Against Heresies*" Translated by Alexander Roberts and William Rambaut. From Ante-Nicene Fathers, Vol. 1. Edited by Alexander Roberts, James Donaldson, and A. Cleveland Coxe. (Buffalo, NY: Christian Literature Publishing Co., 1885.) Revised and edited for New Advent by Kevin Knight. <http://www.newadvent.org/fathers/0103303.htm>.

Tertullian. *"The Prescription Against Heretics"* Translated by Peter Holmes. From Ante-Nicene Fathers, Vol. 3. Edited by Alexander Roberts, James Donaldson, and A. Cleveland Coxe. (Buffalo, NY: Christian Literature Publishing Co., 1885.) Revised and edited for New Advent by Kevin Knight. <http://www.newadvent.org/fathers/0311.htm>.

Clement of Rome. *"Letter to The Corinthians"* Translated by John Keith. From Ante-Nicene Fathers, Vol. 9. Edited by Allan Menzies. (Buffalo, NY: Christian Literature Publishing Co., 1896.) Revised and edited for New Advent by Kevin Knight. <http://www.newadvent.org/fathers/1010.htm>.

Justin Martyr. *"First Apology"* Translated by Marcus Dods and George Reith. From Ante-Nicene Fathers, Vol. 1. Edited by Alexander Roberts, James Donaldson, and A. Cleveland Coxe. (Buffalo, NY: Christian Literature Publishing Co., 1885.) Revised and edited for New Advent by Kevin Knight. <http://www.newadvent.org/fathers/0126.htm>.

Cyprian of Carthage. *"Treatise 4."* Translated by Robert Ernest Wallis. From Ante-Nicene Fathers, Vol. 5. Edited by Alexander Roberts, James Donaldson, and A. Cleveland Coxe. (Buffalo, NY: Christian Literature Publishing

Co., 1886.) Revised and edited for New Advent by Kevin Knight.
<http://www.newadvent.org/fathers/050704.htm>.

"*Vayikra Rabbah*." Sefaria.org. (2018). [online] Available at: https://www.sefaria.org/Vayikra_Rabbah?lang=bi [